U0031999

英敗

民進黨政府垮台的最後一哩路

黃子哲百萬點閱的狂腥文

黃子哲 著

目錄

自序 ──────────────────────────────────── 002

一、爆料揭弊篇 ──────────────────────── 005

二、選戰風雲篇 ──────────────────────── 047

三、執政暴走篇 ──────────────────────── 070

四、立院格鬥篇 ──────────────────────── 152

五、政治追殺篇 ──────────────────────── 171

六、幹話連連篇 ──────────────────────── 197

七、勇伯阿扁篇 ──────────────────────── 225

　　本書是集結過去兩年多來，我在臉書上寫的評論性文章。雖無特意經營，但透過不少媒體廣為轉載、報導、或推播，也間接累積了不少的點閱量。尤其在現今競爭激烈的即時新聞茫茫大海中，文要有「梗」，才能得到媒體關注，也才有機會被看見。

　　我身為國民黨立委的幕僚，同時身兼文傳會副主委，自然是以在野的角度對 2016 年重新執政的小英政府多所監督與批判。但令人意外的是，民進黨政府快速的沉淪墮落，以及集體的猖獗瘋狂，提供了如滔滔江水綿延不絕的素材與靈感，才能完成這些有梗的篇章，我對這些書中的主角們敬表謝忱。

　　雖然絕大多數的時事針砭往往如狗吠火車，難以撼動任何事。但本書中幾個爆料的議題，在鍥而不捨的追查進逼下，竟產生實際的改變，使我格外覺得有成就感。其一是，讓中華民國國旗在外交部官網首頁重新上架；另一件事則是，2018 年南部水災嚴重，人卻在金門爽遊的陳建仁副總統，藉由輿論壓力，迫使他出來公開道歉。

我在立法院擔任五屆、長達 15 年的國會助理，這是一份高度專業又血汗的行業，尤其負責法案、質詢稿、議題的擬撰工作，需要大量的腦汁與長時間的專注力。媒體前大立委亮麗登場質詢或開記者會十分鐘，背後可能是小助理十小時以上的準備工夫。

　　所以有個好老闆很重要。我服務過的立委包括蔣孝嚴、楊應雄、蔣萬安、楊鎮浯，他們對於對助理的提攜與對專業的尊重，甚至是對操守的堅持，值得肯定與敬佩。尤其甫由立委轉戰金門縣長成功的楊鎮浯，這兩年給我極大的空間與包容，讓我無後顧之憂的狂發文、當名嘴、或是投身選戰。他的氣度，絕對是政治人物中難能可貴的。本書得以付梓，我心中對他的種種幫助與鼓勵，充滿感激。

　　以 689 萬高票當選總統的蔡英文，2016 年 5 月上任，才過了 2 年多，2018 年底的九合一大選，民進黨竟就慘敗，縣市長僅守住 6 席，遠低於國民黨的 15 席。選後還被戲謔，台灣如今最大的黨就是「討厭民進黨」。展望 2020 大選，選民恐怕越來越像變了心的女朋友，「回不去了」！文中所寫的《期中考魔咒》，幾可預見蔡英文政府即將到來的垮台。

有趣的是，蔡英文支持度急速的殞落，遇上韓國瑜強勢的攀升，剛好形成近來兩股台灣政壇勢力交叉的曲線。民意如流水，既能載舟，亦能覆舟。失德敗政的民進黨政府，外加王世堅、段宜康等「扶龍天團」的助攻，讓原本就充滿語言魅力與非典政治性格的韓國瑜，精準掌握人民需求。順利在去年底選戰，一舉收復高雄市，韓流效應甚至外溢到其他縣市。這歷史的巧合，恐是民進黨始料未及，也讓人越來越期待土包子能夠在 2020 年飛龍在天。

　　最後，感謝所有幫忙讓這些臉書發文成為新聞的媒體好友，是你們讓這些文字有了更多的價值與力量，也是我持續筆耕不墜的動力呀！這些貴人包括：劉宛琳、程平、鄭媁、徐偉真、周志豪、林思慧、周毓翔、潘維庭、呂承哲、李俊毅、黃麗蓉、謝雅柔、程子威、丁世傑、黃眉青、郭匡超、邱明玉、戴祺修、徐政璿、賴于榛、曾凱敏、隋昊志、方佳琳、劉冠廷、王承中、周怡孜、羅暐智、李英婷、楊毅、陳心瑜、黃韋銓。點滴銘謝在心。

黃子哲

一

爆料揭弊篇

黨產會作賊喊捉賊？！

　　黨產會委員之一的羅承宗，過去是「黨產歸零聯盟」的執行長，常指控國民黨侵占國家財產。詎料他自己在 2010 年時就因抄襲、剽竊、重製他人的智慧財產，而遭法院判有期徒刑六個月定讞。

　　如今被顧立雄找來擔任不當黨產委員會的委員，那豈不是「做賊的喊抓賊，請鬼抓藥單」？難道顧立雄說要找「專業」的人來擔任，就是這種貨色？如果這也可以，那找詐騙集團成員擔任黨產會委員不也很合適？

　　再者，不當黨產條例第 20 條規定，委員要超出黨派依法公正行使職權。第 21 條也有規定，黨產會委員若有違法或刑事案件遭起訴，行政院長就可以解除其職務。

　　所以羅承宗的任命，簡單來說就是

在政治上有爭議，

在法律上有疑義，

在社會觀感上有違逆。

結論：羅承宗根本不適任該職。

　　日前江春男才因酒駕辭去內定的駐新加坡代表，謝文定與林錦芳分別因被指控威權履歷與抄襲而丟掉司法院院長、副院長的提名。按照同樣的標準，羅承宗現在應該知所進退，盡快自我了斷，主動退出不當黨產委員會。

　　羅承宗的資料在網路上很容易找的到，顧慮雄卻視而不見硬幹，他不是太低估民眾的智慧，就是太污辱不當黨產委員會的職務。如果連識人都可以如此不明，他所帶領不當黨產委員會，未來的調查處分品質便可想而知。

　　如今蔡英文的民調直直落，顧立雄也算貢獻良多！

新聞資料：
〈黨產處理委員羅承宗遭起底 曾因侵權遭判刑〉，聯合新聞網，2016/08/26
〈羅承宗將任黨產處理委員 遭爆曾被判刑〉，中時電子報，2016/08/26，
https://www.chinatimes.com/realtimenews/20160826005092-260407

昔日告教授 今日追黨產？！

　　當年國光石化開發案，協助大財團死命要告倒學者的律師，居然是不當黨產委員會的委員吳雨學！

　　2011年國光石化開發案在爭議聲中嘎然而止，當時中興大學教授莊秉潔，只是拿「六輕排放物恐增罹癌風險」的研究報告來反對國光石化，隔年卻狠狠的被台塑告刑事加重毀謗罪，以及民事求償新台幣四千萬元。

　　這場訴訟案引起上千位學者的公憤，抗議大財團「鴨霸」欺負學者，嚴重打壓言論與學術自由。最後吳雨學等律師團纏訟一年多後敗訴，但被告已身心俱疲，連參與研究的學生都感到害怕。

　　一個曾經代表大財團控告學者、一位欲藉司法手段壓抑言論自由的律師，現在卻擔任黨產委員會的委員，究竟會不會變成誰的幫兇？又會不會用相同的心態與手法來清算？實在頗令人憂心，而未來所為之處分的公正性更是讓人質疑。

不當黨產條例基本上就是要用「推定」加「視為」的方式來認定黨產為不當。但諷刺的是，吳雨學擔任台塑委任律師受訪時曾說，莊秉潔在研究報告中引用數據不實，僅能當作「推估」，但不能代表實際狀況。

那請問查黨產若無確切資料或證據，僅憑推定，是否也一樣不能代表實際狀況？

如今，不當黨產委員會成員中，有人有剽竊智慧財產權前科，也有協助大財團打壓言論自由的成員，更不用提，有些人本身還是特定立場的親綠人士。

黨產會越來越像打手齊聚的民進黨附隨組織。

若再這樣下去，**破碎的恐怕不會只是被抗議者破壞的大門玻璃，而是台灣人民的心！**

新聞資料：
〈黨產會吳雨學遭起底 藍營：昔日曾為台塑打壓言論自由〉，風傳媒，2016/09/19，https://www.storm.mg/article/167818
〈黨產委員會成員 遭起底曾因國光石化案告學者〉，聯合影音網，2016/09/19，https://video.udn.com/news/562189

　　針對我提出的質疑，黃瑞明說：「我不是頂新律師。」是的，的確你不是，但由你擔任所長以及收入來源的國際通商律師事務所卻是！

　　黃瑞明避重就輕的功力一流，除鬼打牆轉移焦點外，還極力切割頂新魏家，卻隻字不提由他擔任所長的國際通商與頂新的密切關係。

　　鐵證如山，頂新劣油案的辯護律師之一，就是國際通商律師事務所的資深合夥律師，傅祖聲。

　　頂新在台北一○一監察人代表之一，就是國際通商事務所的另一位資深合夥律師，陳玲玉。

　　早在 2006 年，黃瑞明就曾擔任民進黨黨內的仲裁委員。

　　日前由國際調查記者聯盟（ＩＣＩＪ）公布在避稅天堂成立境外公司的名單，為台灣富豪家族設立境外公司或信託的中間人之一，就有國際通商。

　　黃瑞明名下共有八筆土地、十一筆建物、存款將近三千萬、股票約四百萬、基金四千八百萬、十八張保單。「億」級大法官被提名人，可能是史上第一人。

　　黃瑞明是司法院大法官被提名人，其妻尤美女擔任立法院司法委員會的召集人，兩者至少有人事同意、預算、以及釋憲等的利益衝突。

　　尤美女對利益迴避的要求充耳不聞，黃瑞明對法、政、商三棲質疑的閃躲虛應，實在讓人見識到「尤」腔「黃」調的「驚世夫妻」！

新聞資料：
〈「黃瑞明曾為劣油案魏家辯護」，藍營批尤美女一味護航老公〉，
風傳媒，2016/09/21，https://www.storm.mg/article/168613
〈大法官提名不避嫌 黃瑞明尤美女遭批「驚世夫妻」〉，聯合新聞網，2016/09/22
〈尤美女丈夫提名大法官 被指「曾為頂新辯護」〉，中時電子報，2016/09/21，
https://www.chinatimes.com/realtimenews/20160921004138-260407

黃瑞明的助賭　是蔡英文的賭注？！

　　國際通商律師事務所的母公司 Baker & McKenzie 官方網站上介紹：「就台灣的博弈立法之議題，黃瑞明已經協助了拉斯維加斯**好幾家**賭場業者，並定期的讓賭場業者之客戶，即時掌握台灣博弈立法的狀況。」（He has assisted **several** casinos from Las Vegas on gaming law issues in Taiwan, and regularly keeps clients abreast of local gaming legislation.）而且這還是黃瑞明的業務重心（practice focus）哦！

　　而澎湖博弈公投前夕，蔡英文表示：「相信博奕不是地方發展的唯一方法。我這樣講，大家都懂嗎？」於是 10 月 15 日公投結果，促成賭方大敗。

　　即便如此，小英總統卻依然義無反顧提名了黃瑞明擔任下屆大法官！！！

　　這是在開玩笑？還是在「裝肖維」？**蔡英文竟然可以一手反賭，另一手提名賭場業者的委任律師黃瑞明當大法官！莫非是在消遣澎湖鄉親，還是在愚弄全國人民？**

　　黃瑞明律師究竟幫了哪些美國賭場業者？

　　他又盡了什麼洪荒之力？

　　而他過去在「觀光賭場管理條例」審議過程中，又扮演著什麼角色？小英總統提名前又是否知情？是不是應該要踹共？向國人說清楚、講明白！

　　黃瑞明真的 94 狂，從「司法一條龍」（黃瑞明太太尤美女委員，是立院司法委員會召委）、事務所幫頂新黑心油案辯護、審查前夕尤美女送禮盒疑賄選等 …… 已經爭議不斷。但小英迄今始終視而不見，也毫無回應。

　　如今，黃瑞明「助賭」的角色，明顯與民進黨一貫堅守反賭的立場大相逕庭，如果還要再繼續力挺下去，那蔡英文就真的把其政黨價值與信仰當賭注，給一次梭哈了！

　　為了不讓台灣司法改革成為這場豪賭的犧牲品，在立院行使大法官同意權之前，還是請小英總統別放棄治療，趕緊撤回黃瑞明的提名吧！

新聞資料：
〈黃瑞明被指助賭 藍勸小英撤提名〉，聯合新聞網，2016/10/24
〈藍控黃瑞明「助賭」 籲蔡英文撤回提名〉，中時電子報，2016/10/24，
https://www.chinatimes.com/realtimenews/20161024005628-260407

核食進口　毒害複製？！

　　1930 年，當時日本第 27 任首相濱口雄幸，在其任內期間發生「霧社事件」，用毒氣彈等武器攻擊台灣原住民，造成數百人不幸死傷。

　　諷刺的是，86 年後的今天，濱口雄性的孫子，即現任日本交流協會會長大橋光夫，卻要硬塞核災食品給台灣，毒害台灣人的健康。

　　政府在會前曾表明不會談論核災食品開放的議題，但大橋光夫卻在台日經貿會議上，一開場就**公開**嗆聲：台灣反核食的發言無依據、對日本國民大大傷害、要政府盡早解除輸台限制 …… 等。

　　是怎樣？欺負台灣還可以祖孫聯手、隔代接棒？民調有近八成的民眾對福島五縣市的核災食品有疑慮，不少立委也對我邊境查驗的人力與能力有所質疑，憑什麼要台灣現在就開放？

勾結中共使用暴力戕害台灣民主等。

最離譜的是，在 7 月 18 日的文章中，竟稱：「台灣國安機構已證實近來幾波針對蔡政府年改的凶狠抗議行動，是受中國勢力所影響。」（Taiwan＇s national security apparatus on Monday confirmed that a recent wave of increasingly virulent protests against President Tsai Ing-wen＇s pension reform efforts have been influenced by China.）

但所謂的證實，其實是引用同一天自由時報的報導：「國安單位：反年改陳抗，有中國勢力介入」。但該文沒有明確的消息來源，後來國安局沒證實，總統府也不評論。「台灣民主告示」竟還可以任意穿鑿附會，甚至斬釘截鐵的說「證實」。如果這些文章來自其他媒體或個人評論，那都是自由；但若是由政府基金會的網站來發布，那就是踩紅線。

最諷刺的是，台灣民主基金會在 107 年的預算書上表示，要「……發展為非營利、超黨派、永續經營、公益、透明運作等特質之民主人權議題平台機構……」

真是違和充滿呀！的確，如果發那種文章不是要針對特定對象「抄黨派」，那什麼才是「抄黨派」？！

　　經查，「台灣民主告示」此一計畫經理人，同時也是作者／編輯的是寇謐將（J Michael Cole），他原本是一名外籍記者，但因挺綠的色彩鮮明，除曾擔任蔡英文的「想想論壇」專欄作家外，現在還是英文網站《Taiwan Sentinel 台灣守望》的主編，而該網站正是由台獨大老辜寬敏的新台灣和平基金會所贊助成立的。這樣背景與色彩的人，能產生什麼樣的文章與論點，可想而知。

　　更令人驚訝的是，寇謐將的太太正是民進黨前國際事務部副主任，現任台灣民主基金會副執行長陳婉宜。看出來了吧，太太當主管，先生包案子，這個基金會的運作還真是好棒棒、好透明呀！

　　2003 年由外交部出資三千萬元成立台灣民主基金會，之後每年政府補助 1.5 億元，並由立法院長、外交部長擔任董事長及副董事長。

　　這是一個百分之百拿台灣老百姓納稅錢來挹注的基金會，也是屬於政府底下的一個財團法人，竟然可以完全不顧利益迴避，也不在意外界觀感，如此婦唱夫隨，雨露均霑？

　　究竟寇謐將如何拿到「台灣民主告示」此一計畫？是否有公開招標或徵選？拿了台灣民主基金會多少錢？與其擔任副執行長的妻子是否有利益衝突？這些都是需要說清楚講明白的。畢竟，那些經費都是公帑，一分一毫都不允許被私相授受或黑箱貪瀆。

　　事實上，台灣民主基金會自成立以來，尚能維持一定超然的角色，也儘量避免涉入政治。但蔡英文一執政，黑手就伸進去，找愛將陳婉宜去當副執行長，再讓寇謐將作專案，宣傳民進黨觀點，幾乎完全綠化基金會。

據了解，基金會內非綠營的主管，紛紛被邊緣化，許多業務也被禁止插手。像「台灣民主告示」這種高度政治性的內容，可說前所未見，內部雖有雜音，但也莫可奈何。

　　其實民進黨有這種「驚世夫妻」也不是頭一遭。去年不分區立委尤美女當立院司法委員會的召集人，但先生黃瑞明被提名司法院大法官，兩者至少有人事同意、預算、釋憲等的利益衝突，但他們還是不顧外界批判，照樣死賴著位置不動。

　　完全執政，完全綠化，完全黑箱化，完全吃相難看化。台灣民主基金會的沉淪，正是最好的見證。

新聞資料：
〈台大瀦血案為中國柔性統戰　黃子哲怒批：台灣民主基金會淪政黨打手〉，上報，2017/10/05，http://www.upmedia.mg/news_info.php？SerialNo=26176
〈民主基金會稱中國好聲音是統戰策略　藍批角色錯亂〉，三立新聞網，2017/10/05，http://www.setn.com/News.aspx？NewsID=301568&PageGroupID=6
〈民主基金會任人唯親　挨批利益不迴避〉，三立新聞網，2017/10/05，http://www.setn.com/m/News.aspx？NewsID=301675

抓到了！
民進黨中常會曾決議改路名，
打臉姑婆勇。

　　民進黨強行通過「促進轉型正義條例」，他們一心想處理自認為的威權遺毒，似乎一步步要得償所願。但諷刺的是，行政院發言人徐國勇的姑婆芋遺毒，卻清除不淨，持續出現失憶及講幹話的症狀。

　　無視於各種爭議與抗議，立法院 2017 年 12 月 5 日在民進黨強勢動員下，通過促轉條例，其中第 5 條載明：「出現於公共建築或場所之紀念或緬懷威權統治者之象徵，應予移除、改名，或以其他方式處置之」。

　　寫得如此直白的條文內容，就是要拆掉與蔣中正有關的一切象徵事物，包括銅像、貨幣、路名、校名……等，都會被一一陸續強制處理，這只是時間與手段問題而已。

　　但徐國勇卻強硬回擊，強調沒有這回事，還說這樣的說法是在「製造對立」，這些都是亂講的，扯到道路改名實在「太離譜」。

但看看 2007 年 2 月 7 日民進黨的中常會，就通過了推動行政真相報告、去除獨裁統治遺緒等決議。會後新聞稿提到：（時任黨主席）游錫堃說：「......蔣介石就是二二八事件的元凶，......四處可見的元凶的銅像和以元凶為名的**街道**，甚至將元凶肖像印在鈔票上，......游主席強調必須對此進行全面的**更改**......。」

　　早在十年前，民進黨就已經明確決議要更改中正路的路名、改鈔票、拆銅像等，十年後全面執政，就是要通過促轉條例來落實。結果現在竟然要嚴正否認，甚至還要指控外界是在製造對立。

　　難道民進黨中常會的決議是假的？

　　黨主席講的話是放屁？

　　這簡直是得了便宜還賣乖，過了清算條例還裝清純！

　　在此先不論蔣氏政權的功過，但無論馬英九執政時期做了多少對二二八事件、白色恐怖等承擔歷史責任，對於民進黨而言，這些永遠不夠。他們背後的目的，部分與正義有關，但想切斷與中國的連結，以及藉此來清算鬥爭才更貼近。

新聞資料：
〈10年前就決定了！國民黨踢爆：民進黨早決議去「中正路」〉，
東森新聞雲，2017/12/07，https://www.ettoday.net/news/20171207/1067893.htm

國旗在外交部重新上架，
卻在國務院無情下架！

　　三個月前（2017 年 10 月 19 日）我爆料，外交部將自己官網首頁的國旗給下架；三個月後，外交部悄悄的把國旗給重新放上。

　　但巧合的是，此際卻傳出美國貿易代表署以及國務院領事事務局的官網上，卻將中華民國國旗圖案下架。這面國旗像是籌碼或棋子，在上架與下架之間，充滿政治操作與利益算計，隨意令人擺佈與犧牲，實在令人不勝唏噓。

　　當我首度揭露原在首頁的國旗，在外交部網頁改版後，竟離奇消失。外交部不僅不認錯，還鬼扯說「馬政府時代的外交部網站首頁就已經沒有國旗了」。

　　直至 2018 年 1 月 19 日，外交部才又偷偷摸摸的把國旗重新上架回首頁，中華民國國旗終於重見天日。可能「菁英」們的辦事效率比較優雅，也或許忙於製作護照誤植照片的「遮羞貼紙」，所以一個簡單的國旗圖案橫幅上架，竟得花整整三個月。

　　不過，無論是外交部知錯能改，或是願意從善如流，甚至可能甘冒小英之大不韙，把國旗給放回去，還是值得給予肯定。

　　但就此同時，卻傳出美國貿易代表署（USTR）官網、國務院領事事務局網站介紹台灣的頁面，原有中華民國國旗圖案，被硬生生的給下架。台北雖表達不滿，但華府也沒多做解釋，但實情則與兩岸關係的變化有著直接關聯。

　　蔡英文總統不願意承認九二共識，對外採親美、日遠大陸的政策，對內又找到機會就「去中」。**過去馬政府的「活路外交」已不復返，取而代之的是「短路外交」，完全無視於強權結構下的困境，只顧著用意識形態四處衝撞**。於是短短一年多就失去兩個邦交國，實在不是一個靈光的領導人。

自助而人助，自侮而人侮之。當小英內心沒有中華民國，沒有國旗，是要如何要別人幫你保護這個國家、這面旗？即便外交部的網頁將國旗重新上架了，小英的心態與意識形態不變，邦交國與外交利益，也回不去了。

新聞資料：
〈黃子哲批蔡英文把活路外交變短路　邦交國回不去了〉，
聯合新聞網，2018/01/24，https://udn.com/news/story/6656/2948078

外交部官網首頁國旗被下架

外交部官網首頁國旗重新上架

謝志偉是駐德國還是住火星？

　　駐德代表謝志偉爆出在國慶酒會中掛的紅布條，德文內容竟寫著「慶祝一個民主政體的 106 年生日」，完全不見「中華民國」國名。

　　謝志偉回應表示，國慶布條德文的標題不在告訴賓客「我們在慶祝什麼」，而是在延續邀請函的標題「Eine Demokratie feiert eien Republik」（民主為民國慶生），是彰顯台灣的民主成就。

　　謝志偉究竟是駐德國還是住火星？

　　為什麼他發的火星文這麼難懂？

　　就讓民進黨的老前輩來打臉謝志偉。

　　扁政府時期的駐德代表尤清，同樣在 2007 年舉辦國慶酒會，看看在台上其背後的大螢幕上，寫著一模一樣的「Eine Demokratie feiert eien Republik」，但人家可沒忘了放上國旗及「Republik China」（Taiwan）「中華民國」（台灣）。也就是說，要彰顯民主成就與秀出國名，兩者壓根並不衝突，還可以好好的同時並存，甚至橫跨藍綠政府。

至於謝志偉強調說，國慶酒會上有掛了國旗，邀請函上也寫了「Republik China」。既然如此，最重要也最顯目的舞台中央上方的紅布條，為何不能乾脆一點，把德文的中華民國給忠實的翻譯出來？

謝志偉硬拗的主因，當然是意識形態作祟。他的台獨色彩鮮明，過去就不曾間斷扮演最擅長的小丑角色，對中華民國這個國名極盡醜化與輕蔑之能事。

例如，2007 年 9 月他擔任新聞局長到紐約宣傳入聯時曾表示，他並不是代表一個被聯合國踢出去的「中華民國」……。又同年 6 月，他受訪時還囂張的說，「沒有中華民國政府，只有民進黨政府……。」

無怪乎，謝志偉會搞出德文「慶祝一個民主實體的 106 歲生日」的神翻譯，難道是想順便提早慶祝元宵節，讓外賓玩玩猜謎嗎？不過，謝志偉的荒謬行徑也算是「政治正確」，反正大老闆蔡英文總統在國慶演說時，也常常用「這個國家」來代替中華民國。這兩人裡應外合、心領神會，簡直就是消滅中華

民國的最強組合。

　　如果謝志偉的德文不好，趕緊補習加強；

　　如果嘴癢想耍，也可以回台當名嘴；

　　最重要的是，如果不喜中華民國這塊招牌，也千萬別勉強
自己駐德一個月坐領幾十萬國家的俸祿。現在台灣香蕉過剩，
回來演演猴戲，吃吃香蕉，對台灣還比較有貢獻哩。

新聞資料：
〈駐德國慶酒會神翻譯惹議　外交部力挺謝志偉〉，NOWnews，
2017/10/26，https://www.nownews.com/news/20171026/2632154/

被駭客入侵？外交部網頁沒國旗？！

我雖然不是，但外交部應該要是國旗控，然而今日（2017年10月19日）全面改版的外交部網站首頁上，卻讓原有的中華民國國旗全面下架，完全神隱。

我與友邦多明尼加的外交關係搖搖欲墜之際，外交部也沒閒著，悄悄的在今天將網站全面更新。

但令人驚呆的是，外交部作為主權國家最具象徵性的部會，竟然在首頁上一面國旗也沒有（好歹總統府首頁左上角還有個一平方公分不到的迷你國旗），難道這是欺敵之術？還是被對岸駭客入侵？

對照外交部改版前的外交部網頁，過去在首頁的上方橫幅banner上，就放著大大的國旗。作為代表國家處理對外事務的外交部，就是要把國家的重要圖騰（國旗），大大的勇敢秀出來，讓全世界知道我們是主權獨立的國家，外交部護著這面旗都來不及，怎麼會或怎麼敢如此大喇喇的把國旗給撤掉。

其實外交部好棒棒又好機靈，知道忙著「去中化」的大老闆蔡英文總統不喜這面旗，無論之前政軍兵推時所穿的迷彩服

上沒戴國旗臂章，雙十國慶也極盡可能消滅國旗元素。所以便政治正確把國旗從頁面上移除，也算是逢迎有功，奉承有道。

但看看國美國務院的首頁，放著大大的星條旗；看看世大運閉幕時，阿根廷代表隊選手披著中華民國國旗繞場，我們外交部不會覺得自己太北七或羞愧嗎？現實的狀況是，消滅國旗或中華民國，只會讓台灣的外交及兩岸處境更險峻更艱困。

只會把國旗拿來當政治操作的供品、做意識形態的犧牲品，卻不敢宣布獨立建國的政權，肯定是極盡的無恥與悲哀。

新聞資料：
〈外交部網站改版 國旗竟然神隱？〉，聯合新聞網，2017/10/19
〈外交部網站國旗去哪兒？ 黃子哲：被駭了？〉，中時電子報，2017/10/19，
https://www.chinatimes.com/realtimenews/20171019005388-260407

驚！蔡英文卡管，
原來是因為這私仇……？！

　　教育部遲遲不願核定新任台大校長之任命，背後除了因為管中閔是國民黨的黨員，所以擔心「藍管」的管爺，在當了校長以後會很「難管」外，恐怕蔡英文對管爺的陳年私仇，才是真正主因。

　　管中閔之所以稱為管爺，來自於其豪邁瀟灑，甚至是大砲的個性有關。當年他擔任國發會主委時，全力主導及推動馬政府所提出之「自由經濟示範區」重要政策，但卻屢遭當時在野的民進黨所阻撓與杯葛。

　　2014 年 6 月 16 日，時任民進黨主席的蔡英文，投書媒體一篇名為《馬政府自由經濟邏輯有誤》的文章，強烈質疑「片面開放市場、遍地開花式的自由經濟示範，會讓台灣對外談判籌碼流失」，疾呼「自由經濟示範區特別條例」應大幅翻修，讓台灣經濟能實質受惠，而不是未蒙其利，先受其害。

　　蔡主席的投書，隔天隨即引來管爺親上火線全力回擊，嚴正發出一篇名為「蔡主席　請給台灣一個機會」的新聞稿。文中除了一一反駁蔡英文的質疑外，還猛轟「蔡主席對示範區的

規劃有許多誤解」、「不該由少數一兩個人決定其（自經區）生死」。

文末，甚至奉送蔡英文一句「給示範區一個公平機會，也是給台灣未來發展一個機會」。當然，大丈夫敢做敢當，他甚至在新聞稿上罕見的署名「管中閔」三個大字。

管爺為政策辯護自是為所當為，但針針見血的犀利言詞，不免傷及蔡英文的玻璃心，並引起不小的怨懟與不滿，暗暗成為心裡最硬的那一塊。如今民進黨政府全面執政，蔡英文也當上了總統，此仇不報非小英，所以「卡管」不讓管中閔當台大校長只是剛剛好而已。其他指控管爺未利益揭露、違反學術倫理、偽照文書、違法赴陸兼課⋯⋯等排山倒海的暗黑痛擊，只是多個利息，加倍奉還而已。

怪就怪管爺太愛台灣經濟提升、太誠實揭露綠營真面目、太白目和小英頂嘴、太勇敢和惡狼對幹，以及太意外當上台大校長了⋯⋯。

　　但蔡英文政府就算再怎麼討厭管中閔，他都是透過台大遴選委員會選出來的校長。**一再卡管，卡的不只是台大師生的權益，也卡住學術的自主與自由，更卡死台灣民主及法治的進步價值。**

新聞資料：
〈黃子哲：蔡英文「卡管」竟是因為這陳年私仇？〉，中時電子報，
2018/03/23，https://www.chinatimes.com/realtimenews/20180323004423-260407
〈黃子哲爆料教育部卡管 原來是蔡英文公報私仇〉，聯合新聞網，
2018/03/23，https://udn.com/news/story/6656/3048453

遴委是同班同學
吳茂昆沒利益迴避？！

　　教育部卡管卡了三個月，最後以「無利益迴避、違反行政程序」，駁回管中閔的台大校長聘任案，也就是遴委會委員（蔡明興）及被推薦人（管中閔）有經濟法律上重大利益未迴避的適法疑慮，進而形成對其它被推薦人的偏頗與不公平競爭。

　　所以教育部長吳茂昆不聘任管中閔當台大校長，最關鍵的理由是在於「利益迴避」四個字。但台大遴委會說得很清楚，管中閔擔任台哥大的「獨董」，兩人之間沒有「國立大學校長遴選委員會組織及運作辦法」第6條所規定所要利益迴避事項，包括：「配偶、三親等內之血親或姻親或曾有此關係者」、「學位論文指導之師生關係」，而蔡明興也沒有「因故無法參與遴選作業」情事；在遴選期間也沒候選人提出具體事實足認蔡委員有偏頗之虞。

　　辦法中沒規定的，吳茂昆硬要管爺吞下，擺明是針對性的對利益迴避作擴大解釋或無限上綱。但問題是，吳茂昆當年擔任國立東華大學校長的遴選過程，難道就如同他現在所要求的那麼高標準？那麼全都露？

看看 2011 年 10 月東華大學第六任校長的遴選，吳茂昆是被推薦人，遴選委員會成員中，有位校友代表叫林福樹，他與吳茂昆便關係匪淺。因為林福樹與吳茂昆過去是花蓮高中的同班同學。而吳茂昆在擔任國科會主委時，林福樹是花蓮海星中學的校長，林還曾獲得吳的承諾協助推動該校菁英人才培育計畫，也就是雙方還有業務上的往來。

吳茂昆自己選校長，結果遴選委員之一是自己的同窗好友，過去還曾給後者一些專案上的補助或協助。據了解，當時吳茂昆也沒有主動向遴選委員會主動揭露與林福樹有這層密切的關係。那請問，若你有同學遴選委員，幫忙罩著你，難道對其他校長候選人就公平嗎？若依管案的標準，是不是同樣也有「經濟法律上重大利益未迴避的適法疑慮，進而形成對其它被推薦人的偏頗與不公平競爭」？

別說同窗情誼不重要，2015 年民進黨立委高志鵬、蘇震清等人就曾要求金管會審查的南山人壽轉售案，由與潤泰集團總

裁尹衍樑有同窗情誼的金管會主委陳裕璋來主審,有必要主動迴避。

如果吳茂昆要拿法律之外的政治量尺來卡管,那你當年根本毫無資格擔任東華大學校長。更何況獨董就是要有高度的獨立性,且管中閔擔任獨董是公開訊息,也經過台大的核准同意。對比吳茂昆,更無爭議。

教育部在確定拔管的新聞稿上說:「大學校長是學校的領航人,因此,大學校長的遴聘,當然要接受較高道德標準的檢視。」很好,當年吳茂昆擔任東華大學校長,其實是爛帳一筆,胡搞瞎搞,有不少東華師生頗不以為然。既然吳茂昆要當政治打手,侵害大學自治。那後續就來一一揭露你在東華的劣行敗績,看你是否經得起高道德標準的檢視。

新聞資料:
〈藍再爆 吳茂昆任東華校長高中同學是遴選委員〉,聯合新聞網,2018/05/02,
https://udn.com/news/story/12012/3119517
〈黃子哲爆料:吳茂昆當年選校長也沒利益迴避〉,中時電子報,2018/05/02,
http://www.chinatimes.com/realtimenews/20180502002334-260407
〈藍營控吳茂昆酬庸高中同學 助寫校長推薦書就當上東華副校長〉,上報,
2018/05/07,https://www.upmedia.mg/news_info.php?SerialNo=40275

陳建仁之金門行乃公器私用，
錯上加錯？！

　　2018 年 8 月 23 日南台灣暴雨成災，接連幾天，就在淹水未退，災情最慘重之際，陳建仁副總統竟然舉家到金門度假。受災區域如此之大，陳未能襄助蔡總統帶領行政團隊全心投入救援災民，已是離譜。根據了解，陳建仁甚至恐有公器私用，調用縣府車輛當成其遊覽車之荒謬情事。

　　8 月 24 日至 26 日陳建仁帶全家 8 人幾乎遊遍大、小金門各景點，雖然陳建仁已刻意低調，甚至戴上口罩，但有大陣仗維安人員陪同，還是不免引起側目。有民眾目擊，陳建仁一行人所搭乘的藍色廂型車，車側印著金門縣政府文化局的字樣。

　　據副總統辦公室發出的新聞稿表示，陳是出席原訂的家族「私人行程」。既然非公務行程，**除了必要的維安不可免外，絕對不應動用公家資源。但陳建仁卻未謹守這條分際，竟把公務車當成自家遊覽車來用，完全是公器私用。**

　　詭異的是，金門縣政府既然出借了公務車，理應知情。但卻有官員在臉書上否認知道陳建仁到金門的旅遊行程，這是否是被總統府下令封口？讓縣府有苦難言？還是另有隱情？

　　陳建仁知道要戴口罩，甚至要求拍照必須等到 9 月 1 日後

才能公開（在此公布一張尚未在媒體曝光，陳建仁於金門露臉之照片），足見他也知道就在中央救災之際，身為國家副元首跑到金門遊玩，絕非妥適。但紙包不了火，凡走過必留痕跡，媒體揭露後再發聲明道歉，恐怕為時已晚。因為這已重創蔡政府的形象，更讓人民觀感不佳到極點。

其實陳建仁過去給國人的印象算是正面，政治性格也不算強烈，但當國家面臨災難的關鍵時刻，他卻做出錯誤的判斷與選擇，還錯上加錯，並有公器私用之虞，實在令人惋惜。

現在最尷尬與為難的恐怕是民進黨，當年八八風災，時任行政院祕書長薛香川也是在父親節與岳父過節，卻遭民進黨砲轟，甚至最後下台。按照民進黨的標準，陳建仁恐怕也只能知所進退了。

新聞資料：
〈副總統搭公務車出遊陳建仁挨轟公器私用〉，蘋果日報網站，2018/08/29，https://tw.news.appledaily.com/headline/daily/20180829/38111075/
〈南台淹水陳建仁卻遊金門他再爆：縣府車輛當遊覽車〉，NOWnews，2018/08/28，https://www.nownews.com/news/20180828/2807244/
〈陳建仁私人遊金門黃子哲爆：調用縣府公務車〉，中時電子報，2018/08/28，https://www.chinatimes.com/realtimenews/20180828003719-260407
〈南部水災陳建仁遊金門國民黨爆：竟用縣府車當遊覽車！〉，東森新聞雲，2018/08/28，https://www.ettoday.net/news/20180828/1245630.htm
〈陳建仁水災遊金門他爆竟用縣府車輛當遊覽車〉，聯合新聞網，2018/08/28，https://udn.com/news/story/6656/3334674

副總統陳建仁及其家人，在多名隨扈陪伴下參觀金門。

陳建仁赴金旅遊不救災
蔡英文是共犯？！

　　就在南部暴雨成災，舉國忙於救災之際，陳建仁副總統竟攜家帶眷跨海到金門進行三天二夜的深度旅遊。其缺乏同理心甚至是冷血的心態固可非議，但身為陳的長官，蔡英文總統，明知他去旅遊卻未能及時要求他返台投入救災，不也成為這次離譜行徑的共犯？！

　　陳建仁到金門進行純私人旅遊，卻調用當地公務車爽當遊覽車，被借車的金門縣政府文化局長表示，十天前就已經接到府方通知有該行程。如果連金門官員都知情，大當家的蔡總統更沒理由毫無所悉。況且據了解，總統與副總統的辦公室間會有通報機制，且通常副總統的行程一星期前就會呈報給總統，就算是私人行程也同樣需要照會。

　　所以除非陳建仁欺瞞蔡總統，沒讓她知道赴金旅遊一事。否則蔡英文應是完全掌握陳建仁到金門的行程。既然如此，2018 年 8 月 23 日晚上開始降下豪雨，沒多久各地災情也陸續傳出，為何隔天 24 日小英沒有留下陳建仁。若是觀望或不知

情，25、26 日蔡總統持續在嘉義、台南、高雄等縣市勘災，也應該意識到災情持續慘重。

就算陳建仁沒主動回來，也應該積極了解去向，或趕緊下令叫他快從金門趕回來，協助分擔勘災或關懷災民等工作。

又除非陳建仁抗命拒絕回台，否則蔡英文恐怕是放牛吃草，根本沒有召回陳副。如此一來，便凸顯蔡英文對救災工作的極度輕忽或麻木不仁，甚至毫不在意民眾觀感問題。竟然以為陳建仁可以缺席這關鍵的救災時刻，這叫人民如何能不對蔡政府寒心與憤怒？

陳建仁雖然透過總統府發言人道歉了，但新聞稿中還強調副總統在職務上沒有法定的災防職權。若是如此，今年大年初一，陳建仁何必去花蓮勘災？又就職前的 2016 年 2 月台南大地震，陳建仁何必陪同蔡英文召開「災害應變會議」？事實上，過去無論是蕭萬長或吳敦義當副總統時，勘災或救災本都是份內的工作之一。如今總統府拿法定災防職權當藉口，意圖減輕

責任，簡直是欲蓋彌彰，是非常低級又低能的行為。

陳建仁在金門觀光時戴帽又戴口罩，甚至規定照片要一星期後才能公開；**而蔡英文應該清楚陳建仁滯留金門未歸，卻也沒召回協助救災。兩個人恐是明知故犯，罪無可逭**。但無論是有意或無意，蔡英文都已成為陳建仁荒謬行徑的共犯，要一起承擔這罪過與責任。

新聞資料：
〈陳建仁遊金門不救災黃子哲：蔡英文是共犯〉，聯合新聞網，2018/08/28，
https://udn.com/news/story/6656/3335736
〈人民泡在水裡副總統遊金門他痛批：蔡英文是共犯〉，TVBS 新聞網，2018/08/29，
https://news.tvbs.com.tw/politics/982608

張天欽有房還占官舍？！

由促轉會副主委張天欽召集的內部會議，直接點名新北市長參選人侯友宜是轉型正義最惡劣的例子，更要將促轉會「升格變東廠」等的談話內容曝光，引起譁然。但除此之外，據了解，張天欽目前所住的官舍，也有可議之處。

張天欽擔任促轉會副主委後，便申請了位於台北市承德路四段上的職務官舍，也利用行政院的第二預備金申購了一些家具置於其宿舍中，供其使用。

但根據監察院的財產申報資料顯示，張天欽與其太太（監察委員楊芳婉）的財產相當可觀，有土地六筆，建物兩筆，存款新台幣三千多萬。其中的兩間房屋，還位於台北市精華的大安區。

據指出，張天欽雖申請官舍使用，但實際上每周入住的時間並不長，頂多二、三天而已。況且，他自己在台北市也有自己的房子，還去申請官舍，也是公帑的另一種浪費，對社會觀感也不佳。

事實上，由於促轉會今年甫成立，所有經費均先由行政院的第二預備金先支用，本來就不寬裕，而張天欽官舍內部的傢具費用，也會造成促轉會預算的排擠效應，甚至需要技巧性的報帳。

　　張天欽的財產傲人，又在台北市有房子，而促轉會也位於台北市內，似無必要去占官舍來住，如此只會讓人有貪小便宜之惡感。如果可以省下這筆錢，或許轉型正義的工作可以有多一些預算去推動，人民的觀感也會好一些。

新聞資料：
〈北市擁2屋仍申請官舍？黃子哲批張天欽貪小便宜〉，中時電子報，2018/09/12，
https://www.chinatimes.com/realtimenews/20180912002328-260407
〈張天欽惹議再添一椿藍爆疑霸占官舍〉，三立新聞網，2018/09/12，
https://www.setn.com/News.aspx？NewsID=428737
〈黃子哲爆張天欽財產傲人大安區有2房還占官舍「貪小便宜」〉，東森新聞雲，
2018/09/12，https://www.ettoday.net/news/20180912/1257039.htm
〈【促轉會淪選戰打手】藍爆料：張天欽在台北有房還佔官舍〉，鏡週刊，
2018/09/12，https://www.mirrormedia.mg/story/20180912inv011/
〈張天欽爭議不斷藍爆料：有房還占官舍〉，聯合新聞網，2018/09/12，
https://udn.com/news/story/12493/3362976

二
選戰風雲篇

超越基金會的登記地址，
竟是空殼會址！？

　　針對外界質疑蘇貞昌的「超越基金會」與兩家公司登記同一地址，蘇貞昌信心滿滿的回應說：「超越辦公室、女兒及女婿的公司，業務清楚，可接受各界檢驗。」

　　既然如此，那就好好來檢驗吧！

　　無論中央政府或台北市政府均無法查到超越基金會的資料，而根據新北市教育局的官網顯示，唯一登記蘇貞昌為負責人的基金會，全名是「超越文創教育基金會」，應該就是一般所稱的「超越基金會」。

【質疑一】：

　　既然超越基金會申設時登記的會址係「新北市」新莊區豐年街 53 巷 34 號 9 樓之 2，奇怪的是，實際運作及基金會官網所顯示的地址為「台北市」的南京東路二段 160 號 10 樓。據悉，新莊那個地址的大樓是純住宅社區，根本與基金會的業務無涉。為何蘇貞昌要在該處設立一個空殼？那是誰的住所？刻意登記不實資料？還是要規避新北市政府的監督？**當蘇貞昌陣營指控侯友宜一家人成立的「又昱實業」是人頭公司，結果蘇**

貞昌的超越基金會所登記地址卻可能是空殼會址，豈不諷刺？

【質疑二】：

　　該基金會既然登記在新北市政府教育局下，就非屬全國性。根據申設許可的業務計畫書中說明之規定，設立在新北市的財團法人，業務「辦理地點及對象應以新北市地區為主。」（台北市甚至規定基金會受益對象比例 80% 必須在台北市。）

　　但看看超越基金會網站所顯示的活動成果卻是遍佈各縣市，真正屬於新北市相關的在地活動，約僅有三成不到。換言之，超越基金會明明在新北市申請許可設立，卻不務正業，不為新北市民好好服務與奉獻，這是吃碗內，看碗外？還是吃新北市民夠夠？

【質疑三】：

　　2010 年底，參選台北市長失利的蘇貞昌公開說，他決定把選舉補助款投入超越基金會，為超越繼續努力、奮鬥。但問題是，這筆選舉補助款來自於台北市民的選票，結果卻挹注到屬於新北市的基金會上，這是過河拆橋嗎？這叫台北市的支持者

情何以堪？今年蘇貞昌選完新北市長，會不會又拿選舉補助款到屏東縣成立基金會？

　　事實上，新北市政府主管教育財團法人設立許可及監督事務，是比照「教育部審查教育事務財團法人設立許可及監督要點」辦理。根據該要點第 17 條第 1 項第 2 款規定，管理、運作方式與設立目的不符者，市府最重可以廢止其許可。蘇貞昌有必要出來說清楚講明白，可別讓「超越基金會」，變成「太超過基金會」，逾越了相關法規。

　　蘇貞昌要是通不過這些質疑與檢驗，那就真正對不起新北市民、對不起台北市民，也對不起他應有的法治素養。刮別人鬍子前，先刮刮自己的吧！！！

新聞資料：
〈超越基金會是空殼地址？黃子哲酸太超過基金會〉，NOWnews，2018/06/21，
https://www.nownews.com/news/20180621/2775834/
〈蘇貞昌超越基金會是空殼地址？黃子哲諷變太超過基金會〉，聯合新聞網，
2018/06/21，https://udn.com/news/story/10958/3211676

蘇貞昌討不了便「宜」還內傷

　　侯友宜幫忙農民促銷水果，也點出因為兩岸關係的急凍，致使許多農產品都無法賣到對岸。對此，蘇貞昌竟然諷刺這是政治語言，是在消費農民。

　　蘇貞昌是為了選舉而失心瘋？還是選擇性失憶？

　　台灣不時發生水果價格崩跌，可以檢討的原因固然很多，但蔡英文上台後，兩岸關係的惡化，導致農產品出口至對岸嚴重萎縮，當然是重要的「推手」。

　　事實上，兩岸簽訂 ECFA 後，台灣對大陸在農產品才逐漸有順差，但 2016 年政黨輪替後，再度出現逆差近 7,000 萬美元。2017 年雖有改善，但仍有近 2,000 萬美元的逆差。

　　就像來台旅遊觀光的陸客銳減，同樣受到兩岸低迷的政治氛圍所影響。所以這是實情，是簡單的道理，稍有常識的人都懂。只有滿腦子都是選舉的蘇貞昌，把眾所皆知的真話當政治語言。現在執政的可是民進黨，不知自我檢討，還敢反唇相譏。

更何況，蘇貞昌難道忘記自己也當過行政院長，還曾留下香蕉價格慘跌的紀錄嗎？蘇從上任（2006 年 1 月）的內銷香蕉平均價格每公斤 42 元，跌至下台時（2007 年 5 月）的 7.8 元。為了挽救蕉價，當時蘇貞昌還親自坐鎮，點名各部會要狂吃香蕉，甚至引起不少話題。

　　其實蘇前院長，也不是完全沒有政績，例如當時治安的大幅改善，就是得到前警政署長「侯友宜」的神救援。

　　面對侯友宜，蘇貞昌的衝衝衝，恐怕討不了便「宜」，還很容易衝到內傷。

新聞資料：
〈黃子哲諷：蘇貞昌任院長時 香蕉每公斤跌價 34 元〉，聯合新聞網，2018/07/08，
https://udn.com/news/story/6656/3241608
〈前閣揆蘇貞昌任內政績是啥？靠侯友宜神救援！〉，中時電子報，2018/07/08，
https://www.chinatimes.com/realtimenews/20180708002599-260407

失之子瑜　收之國瑜？！

　　2016年總統大選前夕，一場意外的周子瑜國旗事件，幾乎成為壓垮駱駝的最後一根稻草，讓國民黨大敗。如今一股意外的韓國瑜旋風，正帶動國民黨的整體士氣與選情。

　　2016年大選前，國民黨的選情雖本就低迷，詎料一位赴南韓發展的藝人周子瑜，因一段揮舞中華民國國旗的影片，無辜被捲入台獨藝人風波。為此，高人氣的周子瑜錄製影片公開道歉，她楚楚可憐的模樣，讓許多人又心疼又為她打抱不平。

　　即便此事與國民黨並無直接關聯，但做為執政者，卻必須概括承受，當然最後也反映在選票上。選舉結果，國民黨在總統與立委均大敗。有趣的是，權力重組也創造了空間與機會，意外的讓快變成失聯黨員的韓國瑜，重新找到舞台。

　　韓國瑜擔任北農總經理，狠狠修理民進黨議員王世堅以及立委段宜康，讓人印象深刻。他直言不諱與直球對決的氣魄，頗能滿足藍營支持者對戰將救黨的期待。赴高雄參選市長，從被當成「二軍弱雞」到如今「最強母雞」；讓民進黨候選人陳其邁，從躺著選到現在跑著選。這股「韓流」，銳不可擋。

韓國瑜在 2018 年 7 月底時，就說這是一場五五波的選戰，結果被陳其邁陣營輕蔑的回應說，陳其邁「一定領先」，韓是光說不練。但短短三個月不到，韓不僅練兵、練劍，還與高雄熱戀，迄今民調已攀升到與對手陳其邁呈現膠著的狀態，逼得民進黨還要全黨動員，即將在這周末 2018 年 10 月 20 日於高雄舉辦一場大型造勢活動，來挽救選情。

　　韓國瑜之所以得到高人氣以及高網路聲量，簡單而言，與其非典型政治人物的個人特質、對高雄提出一針見血的問題與對策、以及民進黨在中央與地方治理績效低落有關。當然，網路行銷與多元媒體的善用，也幫他大大的加分。

　　兩年多前，國民黨的潰敗，「失之子瑜」；兩年多後，國民黨氣勢如虹，「韓流」現象正在蔓延與外溢，頗有「收之國瑜」之勢。2018 年 11 月 24 日，就靠人民的選票來收編這句新語了，順便也讓王世堅求仁得仁，再跳海一次。

新聞資料：
〈高雄選情藍綠廝殺 黃子哲：失之子瑜 收之國瑜〉，聯合新聞網，2018/10/19，
https://udn.com/news/story/6656/3431732

豬隊友竟拿自家廣告打臉韓國瑜？！

　　總統府國策顧問劉進興不滿韓國瑜說高雄又老又窮，於是在其臉書發文，要用國家地理雜誌七分鐘的影片「打臉」韓國瑜。但這個影片明明是高雄市政府花了數千萬委託國家地理雜誌所做的宣傳行銷短片，內容也由市府決定。拿這個來說嘴，不會覺得「羞羞臉」嗎？

　　這部名為「創新城市：高雄」的影片，是為了紀錄過去60年以來，市地重劃對高雄市都市發展的影響。高雄地政局長黃進雄當時說，該片是「委託」國家地理頻道，要將高雄土地重劃的經驗與成果，傳播到日本和韓國等40多個國家。

　　換言之，這部片就是高雄市府花錢做的高品質宣傳片，而且陳菊市長還樂此不疲。早在2009年底，市府就與國家地理頻道簽約製播「超級城市：高雄」來行銷高雄市。當時市議員林國正還質疑，兩千萬的製播經費，市府卻分兩個年度以遞延費用辦理預算，有規避議會審查預算之嫌。

　　與國際頻道共同製作影片來宣傳台灣，作為一種行銷手法，所在多有，例如過去台北市長柯文哲也曾與國家地理雜誌

合作，拍攝世大運紀錄片。但劉進興過去是陳菊手下的大將，做過高雄市府的研考會主委，比任何人都清楚該片用的是公務預算，性質與目的也都是要去推銷高雄，內容難道會去指出高雄的缺點與不是？劉所謂的國家地理雜誌的進步典範或光榮城市，比較像是陳菊所提供劇本中的台詞或廣告詞而已。

我不會說高雄過去 20 年都沒進步或建設，但民進黨長期執政下的高雄，顯然遠遠無法滿足市民的需求與期待，也才讓韓國瑜的又老又窮，得到廣大的迴響與共鳴，這恐怕是不懂也不願謙卑的民進黨所無法理解的。

陳其邁繼邱議瑩後又多了一位豬隊友劉進興，七分鐘，不僅打臉不到韓國瑜，還可能讓高雄市民引發廣告不實的疑慮。

新聞資料：
〈打臉韓國瑜的高雄 7 分鐘影片　遭爆是市府花錢的宣傳片〉，蘋果日報即時新聞，2018/11/02，https://tw.news.appledaily.com/politics/realtime/20181102/1459140/
〈打臉韓國瑜影片　藍：高市府委託國家地理拍的宣傳短片〉，聯合新聞網，2018/11/02，https://udn.com/news/story/6656/3457539
〈打臉韓國瑜 7 分鐘短片　他爆：高市府砸錢的宣傳片〉，TVBS 新聞網，2018/11/02，https://news.tvbs.com.tw/politics/1021954
〈打臉韓國瑜的 7 分鐘影片　國民黨爆：高市府砸 2000 萬的宣傳片〉，東森新聞雲，2018/11/02，https://www.ettoday.net/news/20181102/1296794.htm

蘇幫涉案議員站台卻批侯
這是「腦力不濟」還是「標準不計」？

　　2018 年 11 月 4 日侯友宜為涉貪官司纏身的議員候選人周勝考站台，蘇貞昌隨即批評侯友宜好像「葷素不忌」。但蘇明明才幫同樣涉貪的同黨市議員候選人站台助選，怎麼好意思去批侯？蘇貞昌到底是「腦力不濟」還是「標準不計」？

　　國民黨提名的周勝考的確因為涉嫌遠雄弊案而遭起訴，但周是現任議員，又是黨籍的候選人，加上官司尚未定讞，侯友宜作為新北市長候選人，為同黨同志加油打氣，難謂離譜。

　　而據統計，民進黨此次在新北市也提名了四位自己或樁腳有涉案的議員候選人。例如何淑峰與高敏慧過去在擔任議員任內，因涉嫌利用配合款收受回扣，二審均被依貪汙治罪條例判刑六年。

　　就在 2018 年 10 月 27 日晚上，何淑峰舉辦競選總部成立大會，蘇貞昌親自現身力挺，大讚何淑峰，認真做事，最後還拉著她的手，向在場上千民眾懇託支持，希望兩人都能當選。

　　一個星期後，蘇貞昌看到侯友宜參加周勝考的場子，立即借題發揮，狠批侯友宜，甚至說選舉是照妖鏡。但若按照蘇貞

昌的標準，應該要和何淑峰徹底切割才對，更遑論跑去幫她站台力挺。

一周不是一年，更不是一甲子，**蘇貞昌不僅腦袋可以神速忘了批侯的前幾天，才去幫涉案的何淑峰站台；更不計道德標準的，試圖去抹黑侯友宜。**老縣長不計毀譽的雙重標準，簡直是出神入化，衝衝衝，亂衝到外太空！

一句老話，要刮別人的鬍子，先把自己的刮乾淨。但就怕蘇貞昌看著鏡子刮鬍之際，會不會也看見了妖怪呢？

新聞資料：
〈蘇貞昌批侯友宜為議員站台「葷素不忌」　藍反嗆標準不一〉，自由時報電子報，2018/11/06，http://news.ltn.com.tw/news/politics/breakingnews/2603348
〈黃子哲：蘇貞昌兩套標準　自己幫涉案議員站台卻批侯〉，聯合新聞網，2018/11/06，https://udn.com/news/story/6656/3463068

長期與民進黨交好的小野，在台北市沒有支持姚文智，反倒去拍片力挺高雄的陳其邁，引發白綠合作的陰謀與爭議。小野要支持任何候選人，是他的自由，只能尊重。但小野說陳其邁是「不太會說話」、「滿老實的」、「古意」，這若非小野認識陳不夠深，不然就是廣告不實，甚至有欺騙選民之虞了。

我在立院當助理 15 年，所見到陳其邁擔任立委時的問政風格，經常是伶牙俐齒、尖酸刻薄、狡猾多詐，還無論得不得理，往往都是不饒人的，算是民進黨團中的猛將一枚。

事實上，陳其邁在質詢官員或與國民黨立委對嗆時，不時語出驚人，用極其惡毒低俗或不堪的字眼來攻擊對方。凡罵過必留紀錄，回顧一下幾則陳其邁一點都不古意的經典語錄：

1・質詢陸委會主委王郁琦時，脫口說出：**「我恁爸爸啦！」**

2・不滿兩岸 M503 等四條新航路的談判結果，痛批馬政府**「從輸到脫褲，到剩下一條內褲！」**

3・2013 年連戰訪問大陸，與習近平及胡錦濤會面，陳其邁痛批，連戰去中國俯首稱臣、踐踏台灣主權，這只有**「賣某（妻）**

做大舅」可形容。

4‧批評國民黨立委黃昭順，為了護航「政黨法」以及「不當黨產條例」，是把「**召委當黃太后**」。

5‧國民黨立法院黨團質疑小英炒地，陳其邁諷刺，國民黨要討論炒地，應先向自己的立委同事「**愛摩兒忠**」張慶忠請益。

　　立委問政的路線各異，屬強悍對抗的「衝組」，不分藍綠也所在多有，那是個性或選擇，難謂對錯。但陳其邁一路走來，始終如一的走好鬥刻薄風，人民都還印象深刻、記憶猶新。

　　真心希望小野只是識人不明，不然陳其邁自己打出「正義溫暖」的口號，加上、「老實」、「古意」等評價，就像極了詐騙電話裡常會用的話術。只是這次不是騙鈔票，而是騙選票的。

新聞資料：
〈回顧陳其邁 5 大經典語錄！黃子哲怒批：欺騙選民〉，NOWnews，2018/11/09，
https://www.nownews.com/news/20181109/3058444/
〈曾批馬「輸到剩條內褲」他列出陳其邁「不古意」語錄〉，聯合新聞網，
2018/11/09，https://udn.com/news/story/12599/3470175
〈黃子哲整理 5 句陳其邁經典語錄　其一「我恁爸爸啦！」〉，東森新聞雲，
2018/11/08，https://www.ettoday.net/news/20181108/1301706.htm

陳菊也曾提出「戀愛經濟」

韓國瑜提出的「愛情摩天輪」，旨在推展高雄的「觀光愛情產業鏈」，卻不斷被綠營抹黃。但類似的概念，過去陳菊也曾推動「戀愛經濟」，同樣鼓勵大家來高雄住 Hotel，談情說愛還生小孩。若陳其邁不認同，那就讓韓國瑜來做就好。

高雄有詩意般的愛河，韓國瑜想把愛河結合摩天輪，用愛情來賺錢，也行銷高雄。雖然有些論述是直白了點，但要歪樓簡化成「性愛摩天輪」，那就真的是心術不正，也傷了花媽的感受。

因為陳菊曾在 2012 年 8 月的花媽部落格一篇文章中寫道，無論是情人碼頭、愛河之心、以及情人節活動等，都讓高雄成為一個適合談戀愛的城市。要帶動「戀愛經濟」，發展觀光旅宿飯店以及婚宴婚紗業等，讓戀人在高雄成家生子。

兩人的概念與精神幾乎是異曲同工，只是韓國瑜多了一個在愛河畔興建摩天輪的創意。**這麼好的政策，過去不會有人去抹黃陳菊市長。如今韓國瑜提出加強版，更不應該變成陳其邁口中「向下沉淪的摩鐵摩天輪」，或是邱議瑩批評的「性愛摩天輪」等。**

否則，民進黨若不是失憶，就是歧視禿子或患了選舉瘋狂症候群，竟然可以雙重標準至此程度。韓國瑜一路被抹黑、抹紅、抹黃，甚至連「出賣高雄」、「踐踏高雄」等廉價的扣帽子言論都喊出，實在讓陳其邁的「正義、溫暖」，完全破功又諷刺。

　　事實上，早在 2006 年高雄市長辯論會上，國民黨提名的黃俊英就喊出愛河可以經營成一個「戀愛產業」，愛之船可以用太陽能取代柴油，載新人們到中都磚窯廠，再騎自行車到左營蓮池潭。

　　其實無論是「戀愛產業」、「戀愛經濟」、到「愛情產業鏈」，或有表述不同，但都是從愛出發，為高雄拚經濟。這是好政見，一棒接著一棒，若陳其邁不接棒，那就讓韓國瑜來吧。

新聞資料：
〈韓國瑜「愛情摩天輪」惹議 藍：陳菊也曾推戀愛經濟〉，聯合新聞網，2018/11/22，https://udn.com/news/story/12599/3495836
〈韓國瑜「愛情摩天輪」遭抹黃 黃子哲：陳菊曾提「戀愛經濟」！〉，中時電子報，2018-11-22，https://www.chinatimes.com/realtimenews/20181122003244-260407
〈韓國瑜「愛情摩天輪」挨批 黃子哲：陳菊也曾提戀愛經濟，東森新聞雲，2018/11/22，https://www.ettoday.net/news/20181122/1313139.htm

　　如果這次選舉結果，意謂台灣最大黨是「討厭民進黨」；
那麼台灣最新形成一個最大的會，就是「討厭中選會」。

　　昨天全國總計有 1200 多萬投票數，受排隊久候之苦的選
民，估計可能有數百萬，應不為過。所以各地投票所，有不少
抱怨、撕毀選票、甚至是肢體衝突等事件發生。

　　更嚴重的，因為不耐、不願或無法久候，造成部分民眾索
性放棄投票的，也不在少數。事實上，即使投票日氣候宜人，
投票氛圍熱烈，但縣市長整體投票率竟然比上屆 2014 年還低。

　　這次十個公投案綁大選，但中選會顯然事前準備不足，規
劃也欠妥當，導致投票時間冗長，許多投票所大排長龍，等個
2、3 小時不足為奇，台北市還到隔天凌晨 3 時 48 分才完成所
有計票作業，民眾怨聲載道。

　　選罷法規定投票前十天不能公布民調，選舉當天也不能宣
傳，就是擔心影響選舉的公正性。但此次中選會竟允許一邊開
票，另一邊還可以投票，這對投票行為的干擾程度更大，卻毫
無警覺。無怪乎以 3254 票落敗的丁守中，會質疑選委會刻意

放水操作棄保，並尋求司法救濟。

　　中選會主委陳英鈐當然要負起最大的責任，從公投案死人連署的放話風波、以核養綠公投案拒絕補件的爭議、允許行政院違法逾期更改機關意見書、到此次的投開票作業荒腔走板等，足以堪稱是中選會史上最強的「英鈐之亂」。

　　「討厭中選會」這個巨大的壓力，讓失職又失格的陳英鈐引咎辭職了。蔡英文若繼續以政治性考量來提名繼任人選，那人民對中選會的信任，恐怕是遙遙無期；而民進黨的失敗，也會繼續探底。

新聞資料：
〈投開票亂象釀「丁守中悲歌」？他：「英鈐之亂」促台灣最大會〉，東森新聞雲，2018/11/25，https://www.ettoday.net/news/20181125/1315738.htm
〈黃子哲：「討厭中選會」成最大會〉，聯合新聞網，2018/11/25，https://udn.com/news/story/10958/3501537

小英無解的「期中考魔咒」？！

觀察台灣20多年來的選舉，縣市長（包括直轄市）選舉與接下來的總統大選，剛好呈現著緊密的連動關係。**也就是在地方縣市首長選戰中失利的政黨，之後的總統大選就會跟著敗選。這個猶如期中考考不好，期末考就會被死當的「期中考魔咒」，恐難讓民進黨對 2020 年的總統大選樂觀。**

先回顧一下過去選舉結果（僅計算國、民黨兩黨）：

1997 年縣市長，國民黨 8 席，民進黨 12 席

1998 年直轄市長，國民黨 1 席，民進黨 1 席

兩者相加，國民黨比民進黨是 9:13

2000 年總統大選，國民黨（連戰）敗，民進黨（陳水扁）勝。

2001 年縣市長，國民黨 9 席，民進黨 9 席

2002 年直轄市長，國民黨 1 席，民進黨 1 席

兩者相加，國民黨比民進黨是 10:10

2004 年總統大選，國民黨（連戰）敗，民進黨（陳水扁）勝，但雙方僅差 0.22%。

2005 年縣市長，國民黨 14 席，民進黨 6 席

2006 年直轄市長，國民黨 1 席，民進黨 1 席

兩者相加，國民黨比民進黨是 15:7

2008 年總統大選，國民黨（馬英九）勝，民進黨（謝長廷）敗。

2009 年縣市長，國民黨 12 席，民進黨 4 席

2010 年直轄市長，國民黨 3 席，民進黨 2 席

兩者相加，國民黨比民進黨是 15:6

2012 年總統大選，國民黨（馬英九）勝，民進黨（蔡英文）敗。

2014 年縣市長及直轄市長，國民黨 6 席，民進黨 13 席

2016 年總統大選，國民黨（朱立倫）敗，民進黨（蔡英文）勝。

2018 年縣市長及直轄市長，國民黨 15 席，民進黨 6 席

2020 總統大選？

事實上，「期中考魔咒」背後的原因不難理解。縣市長選舉雖是地方層級，但因為介於二次總統大選之間，也容易形成中央執政成績不佳時，選民提前反應不滿的出口。反之，擴張地方縣市執政版圖的政黨，也有助於強化政治動員能力以及增加選舉資源，進而達到「地方包圍中央」的效果，而在下次總統大選中獲勝。反之，擴張地方縣市執政版圖的政黨，也有助於強化政治動員能力以及增加選舉資源，進而達到「地方包圍

中央」的效果，而在下次總統大選中獲勝。

面對民意，所有政黨或政治人物必須真正謙卑以對。蔡英文總統這次敗選時，立即辭去民進黨主席，以示負責，也說會虛心接受人民更高要求。但她所謂近三年國家正走在「正確的方向」上，似乎無意要更改其政策方針，便顯得矛盾與驚悚。

無論是一例一休、年金改革、前瞻計畫、轉型正義、能源政策、兩岸關係 ...... 等，這些無論是方向目的或過程手段中都存在許多爭議與算計，更是人民討厭民進黨的主因。而拚經濟、發大財才是這次選舉結果，人民傳達給政府最重要的訊息，小英對此卻毫無回應。

1997 年後，幾乎沒有政黨可以解開「期中考魔咒」。若缺乏真心反省，2020 年的總統大選，只能讓民意繼續反噬。

新聞資料：
〈1997 年起至今沒政黨能解 蔡英文恐陷「期中考魔咒」〉，中時電子報，2018/11/27，https://www.chinatimes.com/realtimenews/20181127001099-260407
〈黃子哲指「期中考魔咒」1997 年起至今未解〉，聯合新聞網，2018/11/26，https://udn.com/news/story/6656/3503550

陳思宇要「一白遮三醜」？！

　　柯家軍的正妹陳思宇正式投入大同士林區的立委補選，她的起手式竟是消費連勝文，暗酸對手何志偉，再大言不慚說要在中央等著柯文哲。如果這是一種轉移焦點，讓大家不要只關注她美貌的策略，那顯然相當奏效。因為對照她的言行，外界已經開始了解，這美麗外表下，還有不少醜陋又空洞的面向。

　　陳思宇說，「台灣不大，但是常常因為貼上顏色標籤撕裂了你我。」既然反對貼標籤，那她一席「我想政壇上有非常多的連勝文們」，豈不是另一個更大惡質的標籤？如果這不是兩套標準，什麼才是兩套標準？

　　當輿論抨擊她也是「政二代」卻出口傷人，她竟回應說，一直都受到比其他人「更多、更透明的監督。」事實上，陳去年5月才靠爸當上市府副發言人，今年1月搭直升機竄上觀傳局長。嚴格說，迄今沒什麼政績，也不是什麼政壇的 A 咖，哪來「更多、更透明的監督」，套句柯文哲的話，就是「噁心」。

　　陳思宇還說，希望能藉此終止政黨惡鬥、終止謾罵，並改變政治文化。這絕對深深刺痛柯文哲的心。因為柯 P 與民進黨

惡鬥已久，也曾痛罵「垃圾不分藍綠」、「王八蛋」、甚至多次說出歧視女性的言論，若真要改變，只要從柯Ｐ下手，便是功德了。

　　至於陳思宇向柯文哲喊話「要在中央等著你」，就是吃了誠實豆沙包。原來你們心都不在台北市，只是想吃碗內，看碗外，把市長及局長的職務當跳板，終要往總統府與立法院飛去。這樣的告白，深深打臉58萬剛投給柯Ｐ的偉大選民。

　　陳思宇的外貌固然亮眼，但她一方面高喊「白色力量，國會發光」的口號，另一面卻和柯Ｐ一起顯露出言語的、心態的、以及政治陰謀的醜陋面，讓人覺得既違和又諷刺。這一白是否能遮三醜，看來是不容易了。

新聞資料：
〈「起手式竟是消費連勝文！」他酸陳思宇：一白遮三醜〉，東森新聞雲，2018/12/15，https://www.ettoday.net/news/20181215/1331973.htm
〈陳思宇喊柯Ｐ「在中央等你」黃子哲：把北市當跳板？〉，中時電子報，2018/12/15，https://www.chinatimes.com/realtimenews/20181215002774-260407
〈「起手式竟是消費連勝文」黃子哲：陳思宇靠一白遮三醜〉，蘋果日報即時新聞2018/12/15，https://tw.news.appledaily.com/politics/realtime/20181215/1484455/
〈陳思宇暗算對手是連勝文們藍批一「白」遮三醜〉，聯合新聞網，2018/12/15，https://udn.com/news/story/6656/3539379

三
執政暴走篇

兩岸是鄰國、鄰居還是鄰區？

　　陸委會主委張小月提出中國大陸是我們的「鄰居」的說法，結果兩面不討好，大陸國台辦隨即以兩岸是一家人反駁，民進黨似乎也覺得不妥，要張小月改口，讓她把鄰居論給硬生生吞了回去。

　　張小月是專業外交官出身，她雖無亮眼表現，但在外交圈以謹言慎行著稱，幾乎沒出過什麼包，仕途算是平步青雲。政黨輪替後，蔡英文把張擺在陸委會，目的很明顯，亦即不求有功，但求無過，只能盼望在急速冷凍的兩岸關係中，可以儘量穩住不出差錯。

　　對追求台獨的基本教義派而言，把大陸當成熱絡往來的「厝邊」，心理肯定不舒服。但其實鄰居可親可疏，張小月把兩岸定位為鄰居，若中性描述兩岸地理上的區位關係，難謂有誤。但現代社會冷漠異常，許多人終其一生可能與鄰居既不相識亦不打交道，將之套在兩岸上，猶如斷了線的風箏，所以國台辦趕緊搬出「兩岸同胞是一家人」的訴求，強調兩岸歷史文化及情感上的連結，以免雙方成為最熟悉的陌生人。

其實北京真正擔憂的不是單純把兩岸當鄰居看，怕的是背後有隱喻或藉之延伸「鄰國」的意涵。因為李登輝 1999 年的兩國論，正是出自時任國安會諮詢委員蔡英文之手，如今蔡英文當上了總統，又不願意接受九二共識，未來兩岸的定位與互動，充滿不確定的因素。因而鄰居之說，不免觸動北京當下極為敏感的神經。

　　事實上，**依現行中華民國憲法的定義與架構，台灣與中國大陸是「鄰區」的關係，可以說是住在同一個社區或同一棟大樓（一中）的兩戶人家（兩區），但這個社區或大樓的所有權未明，雙方都聲稱門牌歸屬自己（各表）。**兩岸過去八年在這種求同存異中，摸出一種尚稱和平穩定的模式。要和大陸當鄰國、鄰居還是鄰區，攸關未來兩岸的走向與發展，也考驗小英總統的智慧。

新聞資料：
〈兩岸是鄰國、鄰居還是鄰區？〉，蘋果日報即時新聞，2016/06/22，
https://tw.appledaily.com/new/realtime/20160622/891434/

　　國道收費員終於獲得「專案」補償，金額預估高達 5.8 億，實在可喜可賀！其中補貼內容還包括「抗爭活動的便當、車錢……等」，引起熱議。

　　但猶記得太陽花學運時，民進黨中央大方贊助物資，學生還可以拿單據向民進黨報銷。如今蔡英文執政了，國道收費員辛苦抗爭過程中的相關花費，蔡政府比照辦理，闊氣補償，實在也不足為奇。

　　對於是否會有骨牌效應、會吵才有糖吃等問題，我覺得都其次。但新政府與國道收費員自救會間的協商文件中顯示，未來將主要鎖定資遣後「生活困頓者、生計受不利影響者」補償。

　　這讓我想到刑法第 145 條：「以生計上之利害，誘惑投票人不行使其投票權或為一定之行使者，處三年以下有期徒刑。」

　　2016 年總統大選在 1 月 16 日投票，蔡英文 1 月 4 日於競選總部，親自接見國道收費員自救會以及一同前往的工鬥團體。會中，蔡英文承諾會處理，並籌組專案小組做出專案「補

貼」計畫。

　　換言之，**選前蔡英文就打保票一定會「補貼」，而不是什麼研議、評估、考量等場面話，而補貼的對象又是特定的少數人（國道收費員，有投票權），補貼內容也關係到他們「生計之利害」**，至於蔡英文希望能獲得自救會或工鬥團體的認同與支持則可想而知。

　　因此，蔡英文是否觸犯刑法第 145 條，用期約之方式，以生計上之利害，誘惑國道收費員投票給她呢？這可是大是大非的問題，這點蔡總統應該說清楚講明白，向國人坦承報告。另外，究竟大選前還有向那些人或團體開過什麼支票，也應該一併公開，讓納稅人知道究竟荷包還要失血多少。

新聞資料：
〈補償國道收費員 黃子哲質疑蔡總統期約賄選〉，聯合新聞網，2016/08/18
〈補貼國道收費員 蔡英文遭質疑期約賄選〉，中時電子報，2016/08/19，
https://www.chinatimes.com/realtimenews/20160819000025-260407

副發言人是後宮黑官？！

　　行政院組織法第12條第2項規定：「行政院置發言人一人，特任，處理新聞發布及聯繫事項，得由政務職務人員兼任之。」行政院處務規程第5條規定：「發言人處理新聞發布、聯繫及辦理院長交辦本院整體文宣協調、督導事項。」

　　可見行政院的發言人和其他部會或各級政府機關單位的發言人很不一樣，因為前者在組織法上明定員額、官職屬性、職務內容、兼任人選等；而後者多未在組織法規中明定，而是由內部相關單位人員兼任（如公共事務、新聞、秘書等部門），設不設、如何設、設幾人，相對就較不嚴謹。

　　換言之，行政院作為我國最高行政機關，法律上允許代表發言者只有一位，就是行政院發言人。也就是說，法定正宮只有一位，也不容許有後宮黑官。

這也是為什麼前政院發言人童振源剛上任時被問到是否考慮設副發言人時，他回答：「這涉及政務組織問題……這需要內部討論，目前制度上是只有一個發言人。」

　　如今徐國勇剛接任發言人，隨即宣布增設「副發言人」一

職，並由外交部副參事張秀禎出任。

　　咦，**中華民國行政院何時改變了法規制度？可以增設副發言人一職？如果這樣也行，那司法院可否增設副大法官？立法院可否增設副立委？高、中、小學可否自行多設個副校長？**

　　徐國勇是位大律師，曾擔任過議員、立委、又是電視名嘴，其實轉任發言人應是一塊蛋糕且游刃有餘，您一定可以繼馮世寬部長之後，當一個一百分的閣員。所以增設副發言人，又帶資深媒體人當機要，這樣不國勇啦，會有點掉漆。

　　媒體報導，上任首日，徐國勇自評立即上手。至於玩法毀制，也是立即下手！？

新聞資料：
〈法定政院發言人僅 1 人 藍質疑副發言人是黑官〉，聯合新聞網，2016/10/02

標會無極限　南向無止境

　　蔡英文新政府的治理模式：「有事標會做，沒事往南塞」。現已成為各部會最重要的神主牌，無不前仆後繼的瘋狂追隨！

　　客委會今天在立法院的業務報告中，最大的兩個亮點，就是成立行政院級的「台三線客庄浪漫大道治理平台」，以及新訂「客庄南向國際交流專案實施計畫」。李永得主委果然是不甘寂寞又不落人後呀。

　　「浪漫台三線」是蔡英文選舉時的重要政見，當選後全力落實也很合理，但為了桃園到台中，台三線 15 個客家庄就成立一個行政院跨部會的治理平台。這是想凸顯自己治理能力太弱？還是瞎趕流行？況且，客家事務就只有浪漫台三線值得提升層級處理？

　　至於新南向也是假掰。客委會過去本來就有一些東南亞的交流，所以其實非「新」。再者全球客家人口最多是在大陸，客委會勞師動眾要往南發展，是不是劃錯重點？

　　小英想為國家做事，全民樂見，成立體制外的任務編組，也無可厚非。**但現在政府一有事就隨意標會來做，不然沒事**

的話就把業務往新南向硬湊。這簡直是標會無極限，南向無止境。問題是，至今為人民改善了什麼？為國家改革了什麼？

註：小英總統偏好任務編組，被戲稱是以會養會，上任後成立「國家年金改革委員會」、「原住民族歷史正義與轉型正義委員會」、「南向辦公室」，「司法改革委員會」；以及準備設立「真相與和解委員會」、「國家人權委員會」等。而行政院也紛設「體育運動發展委員會」、「ＴＰＰ經貿辦公室」、「青年諮詢委員會」、「經貿談判辦公室 ....等，族繁不及備載呀。

新聞資料：
〈藍營批蔡英文愛「標會」 族繁不及備載〉，聯合新聞網，2016/10/13

「英國」密會　黑箱無罪？！

蔡英文總統與黃國昌的 10 月密會，竟然一個多月後才被媒體披露。

黃國昌打著反黑箱訴求，一路收割政治利益。當上了時力黨主席及立委後，當時高喊的公開透明、公平正義，現在卻變得一文不值。

總統同時也最大政黨的主席與第三大政黨主席見面，這種天大地大的事情，竟祕而不宣，這不是黑箱，什麼才是黑箱？

黃國昌說主動請見蔡英文說是要談勞基法修法，這可是關乎近九百萬勞工權益的重大議題，大可正大光明到總統府拜會，公開對話。為何選擇偷偷摸摸，到小英的官邸闢室密談？

回想 11 月初，蘇嘉全、柯建銘與國民黨黨團幹部在立法院議場後的房間內溝通協商。黃國昌一怒下跑去硬闖蒐證，還痛批是「胡搞密室協商」、「自甘墮落」、「是把人民當傻子嗎」。

這些批判，現在看起來諷刺又厚顏，可以自己生吞下去，因為他自己不久前才去跟小英搞暗黑協商。

如今被踢爆英國密會後，雙方迄今未公布談話內容與細節，究竟勞工的二例與七天假是不是在那場黑箱密會中被「河蟹」了？民眾有知的權利，必須出來說清楚講明白。

　　如果說黃國昌假哭是鱷魚的眼淚，

　　那他去密會蔡英文就是州官放火，擺明兩套標準。

　　在黃國昌心中：昌神不會錯。

　　如果發現昌神有錯，一定是國民黨／民進黨看錯。

　　如果國民黨／民進黨沒看錯，一定是國民黨/民進黨有錯，才害昌神犯了錯。

　　如果是昌神的錯，只要昌神不認錯，昌神就沒有錯。

　　如果昌神不認錯，國民黨／民進黨還堅持他有錯，就是國民黨／民進黨的錯。

　　總之，昌神絕不會有錯，這句話絕對不會錯。

新聞資料：
〈國昌批王柯黑箱協商 黃子哲：他也去找蔡英文密談〉，聯合新聞網，2016/12/16

外館不是小丑的秀場

新竹光復高中的校慶鬧出學生變裝納粹的風波。

遠在德國的謝志偉先批該事件是因國民黨「把黨旗當國旗」、再扯「納粹陰魂就在台灣」、國旗就像「血滴子」......

國民黨自從選舉大敗後，就一臉衰樣，內有顧立雄抄家，外有謝志偉的扣帽。還沒光復執政，就先被光復高中掃到，躺著也中槍。

謝志偉應該是職業病犯了，過去當政論節目主持人，要靠批國民黨救收視率；如今到德國當大使，難忘舊業，繼續拿國民黨刷存在感。

其實，今年我駐德國代表處舉辦國慶酒會，他就曾揶揄KMT改邪歸正，過去是「Kill Many Taiwanese」，迄今變成「Kiss Me Taiwan」，值得慶賀。

這種不淪不類的爛梗，他還玩不夠，繼續加碼表示，台灣加入聯合國即會造成 FBI 和 CIA 的結果：FBI 就是「Formosa becomes independent」，而「CIA」就是「China is angry」。

　　這真是把低級當有趣，低能當大使（教育部辭典，「低能」另意：譏諷人能力很低）。

KMT 歷史的是非功過，當名嘴、當教授、當一介平民 ……，隨便你愛怎麼耍嘴，就怎麼耍嘴。但當謝志偉做一個中華民國的駐德代表，一個領納稅人薪水的公僕，就請閉嘴。

　　外館不是國內政爭的戰場，更不是小丑的秀場。

新聞資料：
〈謝志偉諷國民黨 黃子哲：外館不是小丑的秀場〉，聯合新聞網，2016/12/28

陸「偽」會

　　原本歡喜熱鬧的年度大陸台商春節聯誼活動，這次卻像是一場冷到爆的爛戲。

　　蔡英文總統到場空扯呼籲大陸正視台商權益，又瞎談要台商配合新南向政策等，可謂持續上演空心蔡式的風格。

　　台商指標性大老幾無出席，現場更有許多官員、台商家屬或幹部配合充數，海基會董事長田弘茂卻只看到總人數說，不會比往年少。這證明眼睛業障沒有最深，只有更深。

　　最鴕鳥的莫過主管兩岸事務的陸委會主委張小月，完全無視兩岸關係如此急凍險峻，不思解決之道，只是要我們往好的方面來想，希望今年能夠有好的機會。

　　但是，**兩岸關係迄今沒如她所說的會自己找到出口，反而是快來到太平間的入口**。看看陸委會 2017 年 1 月 19 日所公布的例行民調結果：

　　有高達 68.9% 民眾認為大陸政府對我國政府「不友善」、34.7% 的人認為交流速度「太慢」、甚至支持兩岸急統的比例更來到 3.4%。

這些，均是 2008 年以來最高的。而民眾對於兩岸交流的停滯倒退感到不滿更是明顯，34.7% 的數字，是從 1995 年陸委會有該調查題目以來，第二高者。這是僅次於 2008 年 3 月公布的 35.2%（係對阿扁總統大陸政策不滿的積累爆發），蔡英文才執政短短八個月多月，就已快迎頭趕上。

　　最可惡的是，上列數據與事實，陸委會在新聞稿中不是隻字未提就是避重就輕，僅強調一些無關痛癢的民調結果。這難道是在欺瞞或偽詐人民！？
兩岸關係的惡化、人民的不耐、以及逐漸走向意識形態化，這些都是小英錯誤的大陸政策所要付出的代價。

　　但真正可怕的是，從春節聯誼到民調數字可見，陸委會視而不見或不願誠實面對的鴕鳥心態，恐怕最終只會變成陸「偽」會了。

新聞資料：
〈陸委會民調避重就輕 黃子哲嗆：根本是陸「偽」會〉，聯合新聞網，2017/02/06
〈嗆陸委會變陸「偽」會　黃子哲：兩岸關係快到太平間人口〉，上報，2017/02/06，http://www.upmedia.mg/news_info.php？SerialNo=11759
〈兩岸關係會找到出口？　藍：結果找到太平間的入口〉，東森新聞雲，2017/02/06，https://www.ettoday.net/news/20170206/861591.htm

林聰賢去農委會辦全運會！？

　　林聰賢即將成為蔡英文新政府中，首位沒做好做滿就入閣的縣市首長。

　　其實從小英上台後，林聰賢就頻頻被點名會在縣長任期過半後入閣。雖林一直閃躲，不願正面表態，**但去年底他接受平面媒體採訪時，卻信誓旦旦說大話：「我不要講做好做滿，但最起碼會把 106 年的全運會辦好。」**

　　這可是你自己說的哦。宜蘭睽違 20 多年後才再度承辦全國運動會，這是地方的大事，縣長的重任。離全運會舉辦還有八個月，現在就要落跑，難道你是要宜蘭鄉親自立自強？還是你要去農委會辦全運會？

　　過去不顧民意的託付，沒待滿原職就去參選、或高升、或轉職者不在少數，藍綠都有，似乎無可厚非。但林聰賢背叛的不只是宜蘭選民，他還違背自己「最起碼」的承諾。如果不出來說清楚講明白，然後再道個歉，宜蘭人怎麼吞的下這口氣？

林聰賢原本被民進黨當作一張好牌，但如今被爆任內宜蘭農舍狂增以及耍官威要農委會去縣府報告等爭議，再加上言而無信，不啻未上任先惹一身腥。

　　未來到了農委會，希望林聰賢可以當個「了不起，負責任」的主委，千萬別再任性，或打臉自己了。

新聞資料：
〈曾承諾辦好全運會 藍批林聰賢未做好做滿〉，中時電子報，2017/02/07，
http://www.chinatimes.com/realtimenews/20170207002505-260407
〈曾承諾辦好全運會 藍譏林聰賢未「做好做滿」就入閣〉，聯合新聞網，
2017/02/07，

是「駐日代表」還是「媚日代表」？！

日本群馬縣知事大澤正明希望台灣解禁日本核災食品，謝長廷竟回應，「這個問題在台灣已經泛政治化，要冷靜的討論非常困難」。事實上，民調有高達四分之三的國人拒絕日本核災食品輸台，謝長廷不去幫台灣民眾發聲，並力挺多數民眾對食安的需求。反而是在外人面前抱怨起台灣的政治因素及非理性，致使核災食品卡關。難道這是一種「告日狀」的概念嗎？！

再者，日本有 47 個行政區，哪裡不好拜訪，偏偏要去台灣限制核災食品進口的地方之一──群馬縣（其餘是福島、櫪木、茨城、千葉等縣）拜會。又要和其知事像唱雙簧般的聯手提出解禁的訴求，實在讓人感覺演很大！蔡英文政府對台灣慰安婦的公道冷漠，對沖之鳥礁的漁權讓步，對釣魚台的主權消極。但再怎麼媚日，也不能媚到讓國人的健康沒有明日。

謝長廷喝台灣水吃台灣米還領台灣的薪水，派駐日本是當中華民國的「駐日代表」，而不是「媚日代表」。更重要的是，請當台灣「長」工，拒為日本「長」工。

新聞資料：
聯合報〈謝長廷說核食在台泛政治化 黃子哲批：媚日代表〉，
聯合新聞網，2017/02/21

英司路還是陰屍路？

　　司法是皇后的貞操，但蔡英文就任總統後卻把它當成玩物，一步一步走上一條不斷試圖干預或掌控司法的路。這條「英司路」，簡直是尺度無下限，暗黑看不見。

　　前交通部長郭瑤琪因涉貪污遭判刑八年定讞，蔡英文以總統的身分寫了一封信給郭，信中還對郭的遭遇感到不平與不捨。這種公然對已定讞的貪污個案說三道四，不僅明顯是干預司法，甚至還是對郭的非常上訴下了指導棋？！

　　司法改革原是人民所企盼，但總統卻逾越憲法職權，站到第一線去擔任司改會的召集人。而司改會委員的遴選充滿黑箱，議題也是先予綁定，無怪乎民調顯示過半民眾對司改根本沒有信心。

　　監察委員被提名人之一的陳師孟批：黨產會敗訴，是因為司法在當「國民黨的打手」、司法「辦綠不辦藍」、要彈劾黨國思想司法官....。顯然的，小英是要「撥正反亂」，法官得要辦藍不辦綠、當民進黨打手、兼具台獨思想者才正確？！

　　先廢掉特偵組，再越過司法體系，毫無避諱的逐步成立或推動具有準司法權的類東廠機關，如黨產會、促轉會、保防處等，以便於從事政治鬥爭與權力鞏固，小英恐怕是想要「完全執政，永遠當朕」？！

　　小英的司法改革之路，醜陋恐怖，而台灣的人權與法治卻也走上了「陰屍路」。

新聞資料：
〈蔡英文的改革「英司路」 黃子哲斥是台灣法治的「陰屍路」〉，聯合新聞網，2017/03/06
〈批蔡玩司法 黃子哲說：「英司路」讓台走上陰屍路〉，中時電子報，2017/03/06，http://www.chinatimes.com/realtimenews/20170306005425-260407

民進黨的「那些年，我們一起反對保防入法！」

　　小英總統要推保防法，但法案內容過於爭議而引起不少批判。但民進黨越挫越勇，繼鬼扯台灣有 5000 名共諜後，又瞎說要提反滲透法，嚴懲假新聞。

　　事實上，前年 4 月，國民黨尚執政時，行政院也提了「國家安全法修正草案」，雖然也是要加強保防工作及防制滲透，但無論適用範圍與手段措施均比民進黨版的保防法來得保守與謹慎許多，但在當時已被民進黨立委罵到狗血淋頭。

凡走過必留痕跡，凡蠢過必有可譏。我們來回顧一下民進黨的「那些年，我們一起反對保防入法！」

　　看看當時他們的嘴臉：

　　李俊俋委員：「修法內容最離譜的是將民間團體統統納入（保防）對象」、「民間保防是不是另外一次的白色恐怖」

　　莊瑞雄委員：「國家安全法的修訂簡直是白色恐怖復辟」、「⋯⋯一個法治國家倒退成一個變態的警察國家，講難聽一點，是抓耙子治國」、「對言論自由是一種限縮，對整個人權的侵害是沒完沒了」。

柯建銘：「這是一個白色恐怖的復辟」，「......難道我們是警察國家復辟了嗎？」

民進黨執政後有太多的髮夾彎與昨非今是，來不斷的打臉自己，但如果連臉都不要了，再如何打臉恐怕也沒什麼感覺。

從保防法到反滲透法，已非單純的人二復辟、綠色恐怖、或迫害人權而已，這是民進黨政府對權力的集體焦慮，唯恐政權太短暫，便試圖透過極權統治，來延續其政治生命。

如今這個失去民主人權理想價值的民進黨所急需的，恐怕不是反滲透法，而是「反爛透法」！

新聞資料：
聯合報-〈黃子哲：那些年 民進黨一起反對的保防入法〉，聯合新聞網，2017/03/14
https://udn.com/news/story/1/2342247
〈民進黨當年反對保防入法 今推反滲透法〉，中時電子報，2017/03/14，
http://www.chinatimes.com/realtimenews/20170314006066-260407

民進黨「365天我們一起搞砸的事」？！

　　小英執政這一年，國家社會亂成一團，人民生活也沒好轉，民進黨今天竟然召開「365天我們一起完成的事」記者會，大言不慚說經濟正向上提升。

　　咦～這難道是平行時空？還是眼睛有業障？怎麼跟小老百姓的感受差這麼多？？？

　　事實上，民進黨提了包括經濟成長率、出口值、以及來台旅客等數字增加，這些不能說有錯，只能說很做作，因為沒露的，遠比露的更「精彩」。我們來看看民進黨執政後不敢面對的數字：

　　失業率：104年平均3.78%，105年平均3.92%，106年1-3月平均3.81%。

　　房價所得比：最新數字105年第3季9.35，創歷史新高。台北市房價所得比更高達16.16倍，等於要不吃不喝超過16年才能在北市買得起房。

　　華僑及外國人投資：最新統計 2017 年 1-3 月共 1,093,654（千美元），比去年同期減少 12.86%。

　　來台旅客人數：馬政府從 2008-2015 平均每年成長 14%，2016 年旅客僅成長 2%。

　　兩岸關係的急凍、一例一休的亂象、以及前瞻基礎建設計畫的胡搞......等，都很難讓人對經濟發展有樂觀的期待。**但為了美化蔡英文執政一年的政績，民進黨卻想用詐術虛構美好的假象，究竟是蔡英文離人民太遠，還是離火星太近？**

　　民進黨 365 天「一起搞砸的事」遠比「一起完成的事」更有說服力！

新聞資料：
〈綠稱經濟正在上升 黃子哲：眼睛有業障？〉，中時電子報，2017/05/04，
http://www.chinatimes.com/realtimenews/20170504006094-260407
〈民進黨宣傳這一年 黃子哲：活在平行時空？〉，聯合新聞網，2017/05/04，

鑄鐵郭 V.S. 空心蔡

2020 年總統大選，若是由鴻海董事長郭台銘對決民進黨的蔡英文總統，這將是一場堅實霸氣的「鑄鐵郭」V.S. 空洞文青的「空心蔡」之戰。而且若是現在就投票，郭董竟然還完勝小英 11%。

藍軍迄今難尋下屆大選能與蔡英文抗衡的人選，而經營企業有成，近來又收購日本 SHARP 成功、以及二度會見美國總統川普的郭台銘，一時成為吸睛的焦點。連平面媒體日前也做了二人對決的民調。結果令人驚呆，郭有 35% 的支持度，KO 蔡英文的 24%。

而且從交叉分析顯示，郭董的支持者，除幾乎跨年齡層外，也能跨出濁水溪，甚至跨越藍綠，確實是一支充滿想像的潛力股。

郭董治理的鴻海公司，在全球開疆拓土賺鈔票，也讓他成為台灣首富。他的霸氣不僅展現在企業治理上，也時而發揮在

對社會或政治議題（例如曾因民進黨立委陳歐珀跑去馬英九的母親靈前鬧場，郭痛罵陳禽獸不如）的發言上（儘管還是會偶爾惹上爭議）。當下民意對郭董的支持，或可解讀是投射民眾對其領導力、經濟力、以及魅力的期待及欣賞。

反觀蔡英文執政後，除清算國民黨「迅速有成」外，其餘各項政策如兩岸外交、一例一休、前瞻計畫、食品安全……等，不僅在實質面上乏善可陳，就連程序面上也是荒腔走板（例如一分瑩）。再如此下去，恐怕小英最後僅剩下華而不實的空話與詞藻供人憑弔。

鑄鐵郭（鍋），渾厚實在，意志堅定；空心蔡（菜），空泛虛華，只會想想。2020 年能否拿鑄鐵郭炒盤空心蔡，又會是什麼樣的滋味與結果，就由全民來當評審了！

新聞資料：
〈黃子哲想像：2020「鑄鐵郭」炒盤「空心蔡」的滋味…〉，聯合新聞網，
2017/05/06。

蔡政府的搶錢、搶權、搶官做

　　民進黨重新執政將滿一年，人民完全感受不到有什麼亮眼政績已經一肚子火，現在他們竟然還嫌官位不夠分，竟提案要求增設各部會的政務副首長，簡直是吃相難看。

　　行政院和立委段宜康都提出修法，要修改「中央行政機關組織基準法第十九條」，將二級機關（即各部會）副首長，由原本「得置一到三人」，改增至「一到四人」。而且增加的還不是經國家考試的常務官，而是可以愛怎麼任命就怎麼任命的政務官。

　　如果修法通過，假若一個部會增加一個政務副首長，中華民國立馬增加 29 個副部長（次長、副主委），以一個副首長月薪約 13 萬來算，一年就要多花我們納稅人 4524 萬來養他們，這還不包括還要增加職務官舍、配車、配司機、首長特別費……等額外支出。

　　行政部門一直致力於組織再造，人員也不斷精簡縮編，台灣就這麼大，機關就這樣規模，一個部會有一個首長加三個副首長還不夠用？究竟是民進黨的執政能力太差？還是政治分贓的胃口太大？

　　電影《投名狀》中的經典台詞：「搶錢、搶糧、搶娘們！」。**看看蔡英文政府這一年的 8800 億前瞻計畫、最高行政法院法官擬由總統任命、再到增設部會副首長 …… 等一連串荒誕作為，彷彿也像在「搶錢、搶權、搶官做」。**

新聞資料：
〈綠委修法增設政務副首長 1 名 黃子哲：吃相難看〉，中時電子報，2017/05/14，
http://www.chinatimes.com/realtimenews/20170514002721-260407
〈綠委修法增任命政務官 黃子哲批搶錢、搶權、搶官做〉，聯合新聞網，2017/05/14
〈綠委提案修法增任命政務官　民進黨遭黃子哲批搶錢、吃相難看！〉，東森新聞雲，
2017/05/14，http://cdn1.ettoday.net/news/20170514/924351.htm

「普公英」政府儼然成形

　　懸缺長達七個月後，總統府秘書長終於確認由現任國安會秘書長吳釗燮出任，其遺缺則由國安會諮詢委員嚴德發接任，這二位不是生面孔，適任與否社會自有論斷。但我好奇的是，蔡英文總統始終無法提升女性閣員或政務官員的比例，這儼然已經形成一個「普公英」執政團隊。

　　看看行政院網頁所介紹的 44 位內閣成員中，只有七位為女性（唐鳳未填性別），比例僅約一成五。而總統府內指標性的官員包括總統府秘書長與兩位副秘書長、國安會秘書長以及三位副秘書長，則清一色全都是男性。

　　中華民國出現了第一位女性總統蔡英文，但諷刺的是，其政府女性首長比例之低，卻也是近 20 年最嚴重倒退的時候。小英沒有顛覆或打破權力結構的性別失衡，反而是進一步的鞏固或強化，甚至成為共犯結構，實在令人始料未及。

　　民進黨過去與許多女權運動者站在一起，但蔡英文就任總統前，幾乎是第一個跳出來抗議女性閣員比例過低的就是這些

戰友。當時蔡英文還在臉書上表示，「內閣成員的性別比例，讓大家失望了。」並且承諾會在未來的人事安排上有所彌補。

一年過去了，閣員女性比例甚至比各級地方民意代表選舉的婦女保障比例（四分之一）還低。再看看新上任的法國總統馬克宏所公布內閣名單中，22 位部長有 11 位是女性。跳票的蔡英文，恐怕只是讓更多的人失望而已。

蒲公英是孤雌生殖的植物，卻與蔡英文主政下普遍都是男性閣員的「普公英」政府，形成一個強烈而譏刺的對比。台灣的女權，恐怕和小英心中的勞權一樣，只能自立自強了。

新聞資料：
〈女性閣員比例低 藍諷：「普公英」政府成形〉，聯合新聞網，2017/05/18

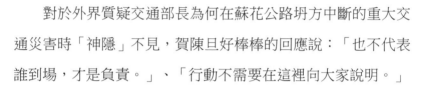

「叫小賀部長」

對於外界質疑交通部長為何在蘇花公路坍方中斷的重大交通災害時「神隱」不見，賀陳旦好棒棒的回應說：「也不代表誰到場，才是負責。」、「行動不需要在這裡向大家說明。」

適逢端午四天連假，這次因雨坍方的蘇花公路雖幸運無人傷亡，但卻讓大批人車嚴重受困與堵塞。賀陳部長作為中華民國的交通業務最高主管首長，面對排山倒海而來的民怨，他還能夠如此趁機教育起民眾，彷彿在說：別什麼事都要麻煩部長來，而且部長的行蹤，也不是你們想知道就可以知道的。

對此，我們應該對賀陳旦部長，要打從心底、滿懷尊敬的「叫小賀部長」、「叫小賀部長」、「叫小賀部長」（因為很重要，所以叫三次）。

「叫小賀部長」恐怕貴人多忘事，因為剛好就在一年前的 6 月 2 日，同樣是一場突如而來的豪雨，造成桃園機場大淹水並癱瘓。甫上任不久的交通部長賀陳旦，當晚就連忙趕往桃機，親自到現場勘災並坐鎮指揮。

　　若依照賀陳部長現在的標準，其實當時他只需要派次長去就行，何必要親自出馬呢？難道是因為機場比公路重要？還是因為民進黨執政的桃園市比藍軍執政的花蓮縣重要？還是搭機的旅客比搭車的旅客重要？

　　至於公開行程，其實過去八八水災時，民進黨中央黨部也曾開記者會要求馬英九、劉兆玄及所有政務官於災害期間的所有行程都要公布。如今外界比照民進黨的標準，想了解賀陳部長的行蹤，一點都不為過。

　　賀陳旦曾說他不想揹北高春節輸運的這個十字架，看來蘇花公路對他來說可能也是另一個他拒揹的十字架。如果這樣，叫小賀部長一個月 20 幾萬的薪水，所有納稅人也同樣拒揹。

新聞資料：
〈蘇花坍方神隱拒說明 黃子哲：賀陳旦「叫小賀」〉，聯合新聞網，2017/06/01
〈蘇花坍方賀陳旦神隱　黃子哲酸「叫小賀」〉，NOWnews，2017/06/01，
https://www.nownews.com/news/20170419/2488721/

　　過去整個民進黨傾洪荒之力對馬英九猛扣紅帽，痛批馬親中之次數更是罄竹難書。如今賴清德與總統府竟前仆後繼，先後表態他們也是親中立場，這堪稱是史上最強與最狂的髮夾彎了。

　　賴清德上午在台南市議會說出他親中愛台後，下午總統府發言人林鶴明跟著表示，關於賴市長的發言，和政府一直以來的看法一致。

　　小英與賴神一致親中？？？

　　「親中」一詞，別說是民進黨，過去馬政府執政八年，最多也只敢說是「和中」。但即使如此，都已經被綠營照三餐罵到體無完膚。而這些批判可說是族繁不及備載，幾乎都還言猶在耳，其中又以蔡英文的說法最受矚目，例如：

　　2009 年 4 月，比較蔣經國與馬英九時，蔡英文表示：「……馬英九不但親中，甚至連兩蔣念茲在茲的中華民國都快守不住了，……讓台灣陷入主權流失與民主倒退危機，這是歷史的諷刺。」

2011 年 3 月，蔡英文為暗批馬英九的親中立場，說：「馬鶴凌（馬英九父親）骨灰罈上寫的是化獨漸統，可是我父親墓碑上寫楓港（屏東地名）」。

2011 年 9 月，蔡英文在民進黨在全國黨代表大會，致詞時說：台灣民主面對嚴峻挑戰，中國崛起利用經濟利益，企圖影響台灣的民主，馬政府親中，卻和人民疏遠。

過去小英嘴上的親中如此不堪，現在竟要跟著賴神親中，是要和台灣的主權、民主、以及自家的墓碑對槓膩？

不過，依照民進黨硬拗又愛髮夾彎的前科與慣性來看，未來不排除民進黨可能會有下列新解：

1・民進黨的親中是愛台，而馬英九的親中就是賣台。

2・民進黨的親中是親台中，不是親中國

3・民進黨的親中是親陳致中，不是親中國

你看這是多麼完美又能解套的詮釋呀，真是好棒棒！！！

新聞資料：
〈黃子哲酸蔡英文隨賴清德親中 史上最狂髮夾彎〉，聯合新聞網，2017/06/06
〈黃子哲：民進黨的親中是親陳致中？〉，中時電子報，2017/06/06，
http://www.chinatimes.com/realtimenews/20170606005639-260407

鄭文燦開了張桃捷的芭樂票！？

　　桃園機場捷運命運多舛，總計跳票六次，等了二十年才通車。如今營運仍呈現虧損，究竟何時可以停損？桃園市長鄭文燦一下子說六年，過沒幾天又說兩年，難道這又是張無法兌現的芭樂票嗎！？

　　2017 年 5 月 24 日桃捷通車三個月時，鄭文燦在桃園市議會備詢時說：前期虧損很正常，不該營運三個月就做評斷，「不能孩子才養三個月，就說以後不會當科學家」，未來將全力以赴達成六年收支平衡目標。

　　但到了通車百日前夕的 6 月 6 日時，鄭文燦又說：日均量約六萬人次，以及結合交通、旅遊、購物和觀光的建設，未來將加強轉乘機制和開發小站，預估兩年內可以達到收支平衡。

　　短短三個星期，鄭文燦把桃捷收支平衡的期程給縮短四年，如果這不是經營之神，什麼才是經營之神？

　　依此速度，或許再過三個星期，說不定桃捷就已經把成本賺回；又再三個星期，桃捷可能興櫃上市，然後申請鄭文燦列入金氏世界經營捷運最狂紀錄。

哈哈，牛皮吹太大也是會破的。桃園捷運公司營運三個月就累計虧損 18 億元（含通車前虧損），鄭文燦說，通車迄今，日均量約五萬八千人次。但其實第一個月因有優惠措施，每日搭乘人次可達將近七萬，但扣除第一個月，其餘兩個月平均每月僅有五萬三千人次，顯然鄭文燦也刻意高估了。

桃捷的通車秀一直是個政治角力，馬政府時期交通部曾建議「先通車、再改善」，那時綠營痛批是「罔顧人命」。但等到蔡英文選上總統，「先通車、再改善」卻變成小英剪綵的通行證。

用一千一百多億元蓋的桃捷，先天不足，後天失調。尤其在少子化以及陸客驟減的窘境下，很難樂觀看待桃捷的營運成效。孩子三個月能不能看出未來是科學家，我不清楚。但桃捷在鄭文燦經營三個月下，儼然成為嘴砲專家。

新聞資料：
〈桃捷何時停損說法變 黃子哲諷鄭文燦嘴砲專家〉，聯合新聞網，2017/06/12
〈桃捷收支平衡六年變兩年　黃子哲諷鄭文燦是「經營之神」〉，
NOWnews，2017/06/13，https://www.nownews.com/news/20170419/2488682/

小英被邦交國秒殺 完勝阿扁

　　繼聖多美普林西比後，巴拿馬也宣布結束與我超過一世紀的邦誼。蔡英文總統上任才一年一個月，就有兩個邦交國與我斷交，平均 6.5 個月掉一個；阿扁執政八年，少了九個邦交國，平均 10.6 個月掉一個。換言之，小英被邦交國「秒殺」的速度，完勝阿扁，而目前我國僅剩二十個邦交國，也打破我國外交史上的紀錄——邦交國最少的紀錄。

　　斷交需要有人負責嗎？前副總統呂秀蓮曾這麼說：「（扁）執政八年，四位外交部長斷交了九個邦交國，斷交那麼多也沒有一個部長下台，這樣可以嗎？沒有這個責任，那當部長很輕鬆嘛！」

　　連呂副都做了開示，但李大維似乎在玩兩面手法，稍早他舉行記者會時說：所有外交事務，身為外交部長，他負完全責任，蔡英文總統也知道他的想法。

　　這句話聽起來好似李大維要展現風骨，請辭以示負責。但沒多久，總統府卻公開打臉李大維說：他沒有請辭。

　　民主政治就是責任政治，做事不需負責，就是在輕蔑民主

制度。總統小英不可能下台，那負責外交事務最高首長的外交部長，應該要有自知之明，別再戀棧官位。

況且，李大維5月份外交部的一次人事調動，詭異到連外交部內部都頗感不解也覺得不平。亦即李大維把過去自己的秘書，時任駐巴拿馬的大使劉德立調回國內升常務次長，卻派拉美司司長曹立傑去接駐巴大使。

劉德立能升任常次，應該意謂著他駐巴表現良好，鞏固邦誼有功吧。怎麼會他回國才短短一個月，台巴就嘎然斷交？事實上，5月份台巴關係便岌岌可危，會急忙找人接替，恐怕是「棄曹保劉」，讓可預見的爛攤子給別人去收，曹立傑甚至連道任國書都還沒呈遞。

其實，就算李大維辭職了，也是小英錯誤兩岸及外交政策的犧牲品而已。但我們更擔心的是，再這麼亂搞下去，恐怕台灣也會成為小英的替死鬼。

新聞資料：
〈被邦交國秒殺…平均6.5個月掉1國　蔡英文遭諷完勝阿扁〉，東森新聞雲，2017/06/14，https://speed.ettoday.net/news/944653
〈台巴斷交　黃子哲質疑李大維「棄曹保劉」〉，NOWnews，2017/06/13，https://www.nownews.com/news/20170613/2561187/

蔡英文 妳算什麼總統？

2008年馬英九總統與大陸海協會會長陳雲林會面，遭民進黨人士以圍城行動強力抗爭，對於馬陳會突然提早舉行，蔡英文當時狠批馬說：「國家元首迴避人民的抗議，算什麼總統？」

八年後，蔡英文當上了總統，同樣面對民眾的陳抗，她卻宛如神隱小英，頻頻取消公開行程。用小英的邏輯與標準，我們當然也可以大聲嗆小英：妳算什麼總統？

蔡英文政府用汙衊、粗暴又任性的方式改革軍公教年金，就已注定埋下社會衝突與對立的地雷。如今反年改團體對蔡英文如影隨形的緊迫盯人式抗議行動，只是逐步引爆其不滿與憤怒的情緒。

諷刺的是，小英越擔心這些陳抗活動，就需要越多被她改革的國安局、軍人、警察等「軍、公」維安人員的嚴密保護。當尊重與信任基礎愈形薄弱下，小英心中恐怕只會有更多的猜忌與不安。

　　蔡英文說她的政府是最會溝通的政府，但去年軍公教九三大遊行，蔡英文卻跑去中南部，並說要「走自己的路」。如今面對抗議的聲浪，也選擇相應不理，只用更多的維安阻隔人民的聲音與訴求。

　　是的，當蔡英文創紀錄當了一年總統民調就僅剩 21%，當一例一休修法搞到天怒人怨，當前瞻基礎建設計畫連綠營自家人都異口同批。我們只能說，蔡英文，妳大概算是一個很會與全民對「對幹膩」的總統！！！

新聞資料：
〈取消行程迴避人民抗議 ... 黃子哲嗆蔡英文：你算什麼總統？〉，東森新聞雲，2017/07/09，http://www.ettoday.net/news/20170710/963123.htm
〈黃子哲批小英：國家元首迴避人民的抗議 算什麼總統？〉，聯合新聞網，201/07/09

缺電是要
「點亮台灣」還是「典當台灣」？

　　競選時，蔡英文的「點亮台灣」（light up Taiwan）喊得震天嘎響，但小英當選總統迄今才短短一年多，全台便陷入缺電的危機。沒電的台灣，不僅肯定無法「點亮」，甚至還可能被「典當」。

　　選前選後，小英及其官員都不斷宣稱不會缺電，但此次尼莎颱風吹倒和平電廠位於東澳的輸電鐵塔，短少了 130 萬瓩電力，竟然就讓台電備轉容量率恐亮起限電警戒的紅燈。這不啻是：「風災退了，就知道誰是騙子。」

　　更有才的經濟部，要大家共體時艱，想出要公部門下午一時到三時關冷氣、冷氣溫度不得低於 28 度、關閉部分電梯等的餿主意。結果掐指一算，僅貢獻萬分之三（0.03%）備載容量僅，連塞牙縫都不夠，但卻苦了公務員與洽公民眾，甚至是犧牲了行政效能。

　　恐怕未來高普考極有可能增加「耐熱測試」，選在夏日最熱的下午時段，經待在密閉空間兩小時，能挺住不暈倒的，才算合格。

　　蔡英文提出 2025 年「非核家園」的超狂願景，一方面要廢核，另一方面又要減碳；然後又要不缺電，甚至不調漲電價。這已經不是幹話，而是神話。

　　這是一個極不負責任的政府，因為小英只強調核能潛在的危險，卻刻意隱瞞綠能不足或不能的風險。但缺乏穩健可行的能源政策，並提供穩定充足的電力，勢必影響民眾生活，甚至失去產業競爭力與外資投入。

　　如此一來，台灣的未來，就只能被民進黨政府典當成眼下的政治利益，揮霍殆盡。Light up Taiwan，也恐變成 Give up Taiwan ！

新聞資料：
〈缺電危機 藍幕僚諷：「點亮台灣」變「典當台灣」〉，NOWnews，2017/08/02，
https://www.nownews.com/news/20170802/2595492/

驚揭這些綠營大咖也曾大力擁核

　　近來台灣面臨限電危機，民進黨團書記長李俊俋表示：「……要去想重啟核電，而且以民進黨的立場，是不可能同意這件事的。」但民進黨非核家園這張神主牌在黨內是否不動如山，無人膽敢挑戰？這倒未必，凡走過必留痕跡。

　　曾任屏東縣省議員、立委、縣長、總統府資政等職的已故民進黨大老邱連輝，在 2004 年 6 月在一次訪談中說：「如果因廢棄核電廠，又找不到更好的替代能源而導致經濟發展停滯、生活水準降低，必定引發社會動盪不安，這是任何執政者都應該三思的問題。」

　　諾貝爾獎得主、前中研院院長李遠哲，過去也長期站在擁核的立場，例如 2006 年 3 月 12 日他在立院備詢時說：「核能發電會產生難以處理的核廢料，但台灣有不得不用核能的必要性，他向陳水扁總統說「讓既有核能電廠提前除役是不對的。」

　　最經典的莫過是前副總統呂秀蓮，她曾在 2006 年 4 月 26 日民進黨中常會上表示，不續蓋核四，恐怕增加更多空氣汙染。而處理核廢料技術現已精進，核能發電是「綠色能源」，

民進黨應思考全面檢討核能政策。

有趣的是，當年那場中常會，到民進黨中央黨部報告油電漲價的人，正是時任行政院副院長的蔡英文。

更耐人尋味的是，2007 年 4 月台電彰工火力發電廠環評沒過，無法興建，行政副院院長蔡英文當時還向親電環保署長關切，也要求經濟部提出評估報告，對產業和電力供給造成什麼影響？尤其是對中部科學園區的衝擊。外界關心新增火力發電走不通，是否轉以核電為未來增加供電主力？行政院發言人陳美伶（現為行政院秘書長）則表示：「各種可能都不排除！」

面對電力不足的衝擊，蔡英文與當時的行政院，都沒把話說死，對核電的依賴與運用，也似乎非鐵板一塊，留下許多想像空間。

可惜的是，李遠哲、呂秀蓮的真心話，成為黨內的大冒險，遭受不少批判，最後又髮夾彎，轉而支持廢核，而蔡英文當上總統也持續推動 2025 年要達成非核家園。

但無論誰執政，都必須面對台灣能源及電力結構的根本問題，一旦缺電或實施限電，犧牲的不只是民眾的不便而已，還有台灣未來的競爭力與經濟發展。在無法取得更穩健且充足的能源前，核電的必要之惡，恐怕是不得不的選擇。

新聞資料：
〈缺電危機 黃子哲細數過去擁核的綠營人物〉，聯合新聞網，2017/08/10
〈非核是民進黨神主牌？黃子哲翻舊聞打臉綠營〉，中時電子報，2017/08/10，
http://www.chinatimes.com/realtimenews/20170810003288-260407

譙警無罪　學運萬歲？！

　　繼太陽花學運攻佔立院行動，被台北地院判決無罪後，另一起由學運份子洪崇晏帶頭的辱警案，竟也被高院改判無罪。原來不僅民進黨政府會髮夾彎，台灣司法的「法」夾彎，也不遑多讓。

　　103 年底，「中央公園護樹護地聯盟」楊姓成員在高雄市政府前抗議時，對員警兩度口出英文髒話「Fuck You」。2017 年 3 月被高院依侮辱公務員罪，判拘役 60 天（可易科罰金）定讞。

　　一樣的陳抗，同樣的辱警，卻有不同的命運。難道是因為護樹聯盟比較小咖，學運份子比較尊貴？還是護樹的價值遠不及學運崇高的理想？還是只要是搞學運，都能有治外法權？

　　事實上，洪崇晏 2014 年 4 月 11 日，為了聲援公投盟被警方驅離一事，號召群眾去中正一分局包圍抗議，他當著方仰寧分局長的面，痛譙「下賤、下流、無恥」，還撂下「小心被暗殺」等的狠話。

　　洪崇晏的惡性絕對不下於護樹聯盟，也明顯貶抑、輕蔑警

察的人格，但法院竟稱洪的言論是為喚起民眾關注公共事務，合乎憲法保障言論自由、善意合理評論原則。

但無論是年金、同婚、廢死、勞權、課綱……等議題的陳抗，哪一個不是要喚起社會關注？如果這樣的譙警無罪，以後是不是任何抗議團體的成員，都可以同樣引用這個判決，肆無忌憚的用粗話飆罵警方？

司法為了學運份子開了可譙警的綠燈，最難堪莫過於警察，他們的人格與尊嚴，從此就輕易的被踐踏與犧牲。

我呼籲，為了喚起大眾關注司法改革，以後對於法官就比照辦理，可以毫不客氣的怒譙「下賤、下流、無恥」！

新聞資料：
〈辱警案洪崇晏判無罪 黃子哲：比照辦理譙法官！〉，中時電子報，2017/08/25，
https://www.chinatimes.com/realtimenews/20170825003264-260407
〈洪崇晏辱警無罪 黃子哲：司法為學運份子開了譙警綠燈〉，聯合新聞網，
2017/08/25

官場最速男——愛落跑的顧立雄！

　　賴清德新內閣名單中，最令人驚呆的莫過於黨產會主委顧立雄將轉任金管會主委，**先不論毫無金融專業背景的顧立雄如何勝任新職，他在一年七個月內連換三個職務，不僅吃碗內看碗外，甚至任職黨產會時很愛不務正業，儼然已落跑成性。**

　　2016 年 2 月顧立雄才被列為民進黨不分區當上新科立委，僅僅做了 7 個月，就快閃離開。轉行當劊子手，高升黨產會主委，一路追殺國民黨黨產 94 狂。如今做不到一年，又落跑去當金管會主委，這「官位流動」之快，堪稱官場「最速男」。問題是，無論立委與黨產會主委都是有四年任期規定，這種不安於室而四處當官，是背棄選民的付託，也破壞體制殆盡。

　　尤有甚者，顧立雄在擔任黨產會期間多次不務正業，翹班去湊與其職務顯不相關的熱鬧。例如：

　　106 年 2 月 16 日（四），顧立雄主委受時代力量立委洪慈庸之邀，不顧自己敏感身分，直驅國防部參加「軍事冤案處理機制研商會議」，還在會議中多次發言，針對法案發表高見。

　　又 106 年 3 月 8 日（星期二），基隆市政府舉辦「二二八 70 周年紀念追思活動」，顧立雄也風塵僕僕跑去參加，致詞時

甚至大談轉型正義。問題是，不當黨產條例第 1 條明文規定，其任務是調查及處理政黨、附隨組織及其受託管理人不當取得之財產。這與軍中冤案及二二八事件何干？況且，顧立雄當時是「行政院設不當黨產處理委員會」的主委，可不是「促進轉型正義委員會」（尚未通過）的主委。

此外，同法第 20 條也規定，本會委員應超出黨派之外，依據法律公正獨立行使職權，於任期中不得參與政黨活動。顧立雄受時力洪慈庸之邀去參加法案討論，與職權無涉，恐怕也是讓有獨立機關性質的黨產蒙上政治不中立的陰影。作為行政官員，在上班時間從事或參加與職務無關的活動，依規定也必須請假，請問顧大速男，您是否忘了請假？又或公器私用動用公務車呢？有必要說清楚講明白哦！最後，顧立雄在檯面上所申報估計超過上億的財產，或許是他要轉去金管會唯一的專業吧？！

新聞資料：
〈顧立雄 1 年半換 3 職 黃子哲批不務正業、落跑成性〉，聯合新聞網，2017/09/01
〈顧立雄 1 年半換 3 職 黃子哲諷「官場最速男」〉，NOWnews，2017/09/01，
https://www.nownews.com/news/20170907/2604554

連阿扁都愛文言文！

　　課綱如月亮，初一十五不一樣！原已定案的高中國文課綱文白比竟被翻案，文言文下修至 35%-45%。這個結果，別說讓一批中研院院士及文壇大家公開痛批，就連台獨領袖，操著濃濃台灣國語的阿扁前總統，可能都要從輪椅上跳起來抗議。

　　蔡英文要去「中」，便從教育下手，意圖連根拔起，切個徹底。過去陳水扁當總統時，也不惶多讓。但，政治或可切割，歷史、文化或語言，有時剪不斷，理還亂，發言還處處可相見。

　　事實上，扁對文言文的喜好，經常流露在他總統任內的公開談話中。例如：

　　2004 年 5 月，陳水扁透過視訊主持華衛二號衛星的地面站首次訊號通聯按鈕儀式時，他引用了由王之渙做作的唐詩《登鸛雀樓》其中二句，「欲窮千里目，更上一層樓」，藉以強調華衛二號使台灣視野更寬廣，科學知識更提升。

　　2006 年 11 月當阿扁的國務機要費貪汙案被踢爆後，他也引用《論語》說：「吾日三省吾身，為人謀而不忠乎、與朋友交而不信乎、傳不習乎。」來為自己辯解，是個盡忠職守，誠實信用之人。

《孫子兵法》，也是阿扁的愛，他就曾在不同的場合中，分別引用過：「兵者國之大事也」、「善戰者制人而不制於人」等經典語句。

　　學文言文不免有枯燥，甚至有需強記之處，但這卻是個美麗的負擔，也是白話文更多元優雅的底蘊。這就好像微積分，雖艱澀深奧，但學不好，許多應用學科，就不得其門而入。

　　所以，文白間不是互斥的概念，意識形態才是。扁政府時的陸委會主委陳明通說得好，台灣是「去中華人民共和國化」，不是「去中華文化」，台灣應該展現真正的正統。所以當時陸委會還因此製作「雅音四書集粹」古漢語光碟。

　　當教育在權勢面前低頭，當文化在意識形態面前屈服，當語文力在政治力前被犧牲，這才是台灣人真正的悲哀，恐怕讓阿扁也哭泣。

新聞資料：
〈調降文言文比例 黃子哲：連阿扁也哭泣〉，中時電子報，2017/09/27，
http://www.chinatimes.com/realtimenews/20170927003936-260405
〈文言文比例下修？ 藍指阿扁昔日最愛公開講〉，聯合新聞網，2017/09/27，
https://udn.com/news/story/6656/2725789…

國民黨與柯文哲間的「藍白拖」想像

　　越走越近的彼此，很容易一不小心就變成戀人。台北市長柯文哲近來頗有走「藍調」路線的 FU，若國民黨與白色力量的柯 P 真的拍拖，那這雙「藍白拖」的確讓人有無限的想像空間。

　　近日柯文哲頻頻調整政治路線，當然免不了被民進黨輪番狂轟猛 K。但也是拜柯 P 神救援所賜，國民黨近日就顯無戰事。而柯文哲的變形，至少有幾個面向：

　　一、「友中」：

　　柯文哲無論是「兩岸一家親」、「命運共同體」、「兩岸不可能不交往」等說法以及與對岸的實際交流，都與過去聲稱自己是「墨綠」的柯文哲大不相同。

　　柯市長往中間靠攏，展現與對岸互動的能力，當然有擴大選票基礎的思維，但這無論在意識形態、政治利益、甚或情感上，都嚴重衝擊綠營。無怪乎，獨派人士抹紅他，民進黨立委段宜康也質疑「不想當一家人都不行嗎？」、「柯文哲是細菌」；市議員王世堅批「柯文哲是過期牛奶」等。

二、「切扁」：

就當前總統陳水扁的特赦議題持續發燒之際，柯文哲最近一席「阿扁是裝病」的發言，引發政壇大地震。扁柯過去關係密切，柯對扁議題終究是無法迴避。但阿扁貪腐形象深植人心，反對特赦阿扁的民意也高達六成以上，於是找機會切割阿扁，以及挺扁背後一小撮的獨派團體，來迎合民心，是柯Ｐ一個不壞的選擇。

三、「批英」：

柯文哲對英政府的批判可說是不遺餘力。柯曾左批政府的前瞻計畫「感覺只是想花錢」，右揭國安會、陸委會放他自己去跟阿共仔對付；前酸蔡英文當總統沒準備好，後嗆內政部長葉俊榮警察人事案操作太粗魯。

小英執政，一蹶不振，民調也持續在低檔盤旋。柯文哲趁虛而立，適時踩在執政不力的屍體上，墊高自己的高度，顯現非同流合汙之輩，當然也是政治精算。

　　已有不少綠營人士視柯文哲為寇讎，連彭文正、周玉蔻等媒體人也在接連向柯P開戰。柯與民進黨看來是漸行漸遠了，而民進黨明年自提台北市長候選人的可能性似乎也越來越高。

　　反觀國民黨內對於挑戰明年台北市長的人選，雖是人才濟濟，但不是興趣缺缺、忸怩作態，就是賣像不佳。**如果國民黨在台北市真的勝選無望，而柯P又願意改弦更張，與藍軍路線沒有違和。那一旦柯與民進黨分手快樂，國民黨與柯P合作組成「藍白拖」力量**，打扁綠色小強，帶動議員選情，就很有想像空間。

　　反正，敵人的敵人是朋友，而且政治有什麼不可能？就讓我們繼續看下去！

新聞資料：
〈藍：柯文哲親中、切扁又批英 想穿「藍白」拖？〉聯合新聞網，2017/10/08
〈黃子哲：國民黨與柯P組「藍白拖」可打扁綠小強〉，中時電子報，2017/10/08
，http://www.chinatimes.com/realtimenews/20171008001792-260407

提醒文！
吳茂昆快教育小英正確認識核能

　　教育部長吳茂昆上任八天就「拔管」成功，為民進黨政府立了大功。但吳茂昆在得意欣喜可以成為小英的神隊友之際，別忘了凡走過必留痕跡，當年你說核能好棒棒，不應廢除的真心話，我們可沒忘記。

　　2005 年 5 月，時任國科會主委的吳茂昆，跑去華府參加美國國家科學院年會，他受訪時說，因世界原油供需失衡，國際對溫室效應的限制越來越大，替代能源短期內仍無法廣泛應用。因此不管你喜歡也好，不喜歡也好，在可見的未來，核能發電不但難以廢除，反而會扮演更重要角色。

　　吳茂昆甚至說，他不同意核能發電為「必要之惡」，重點在政府如何加強安全措施，並「教育」民眾正確認識核能發電。

　　吳茂昆雖然甘於淪為政治打手、雖然當校長一年請假可以高達 160 天、雖然有違法到對岸兼職之虞、雖然溢領獎助金被追討、雖然可能侵害東華大學的專利權......。但我們絕對不能因人廢言。對於吳茂昆當年擁核的一番肺腑之言，應該給予高度的肯定與支持。

　　尤其，吳茂昆說要用教育的方式，讓民眾可以對核電有正確的認識。這對於他現在高升「教育」部長，簡直是「天作之合」。希望吳部長多編些預算來教育學生及民眾，或乾脆在中小學課綱中納入核能科學教育，才能讓你當年的雄心壯志可以徹底落實呀。

　　更重要的是，你的主子蔡英文總統在缺乏完整可行的能源配置與規劃下，就要在 2025 年要達成非核家園，這種冒進又不負責任的能源政策，更應該給予加強教育，糾正她的愚昧與昏庸。

　　作為一個國際知名的科學家，相信你的記憶力不會那麼差，也相信你的科學邏輯與論理應該是前後一致的，請發揮你「超導體」的專業，好好的超級教導一下你反核的民進黨隊友吧！

新聞資料：
〈國民黨起底 吳茂昆原來是擁核人士〉，中時電子報，2018/04/30，
https://www.chinatimes.com/realtimenews/20180430002179-260407
〈黃子哲爆料吳茂昆曾說：核電不能廢 還會更重要〉，聯合新聞網，2018/04/30，
https://udn.com/news/story/6656/3115453

民進黨的「逢中過敏症」

　　「吃這個也癢，吃那個也癢！」，這是豬哥亮大哥在一隻經典廣告中的台詞，有這種症狀就是身體過敏了。**民進黨政府近來也患同樣的症狀，「國民黨去大陸也擋，高中生去大陸也擋」，一副「逢中過敏症」爆發的狀態。**

　　前總統府祕書長曾永權及前海基會董事長林中森，日前申請赴陸參加第十屆海峽論壇，經相關部會審查後，被以我方指標性退離職人員赴陸具「敏感性」而駁回。無獨有偶，幾所公立高中因為申請到大陸讀書的學生人數倍增，且校長還幫忙寫推薦函，竟然就傳出調查局和教育部致電關切。

　　蔡英文上台後，因為廢棄了兩岸最重要的政治基礎－－九二共識，導致兩岸關係急凍，尤其是官方的互動幾乎完全停止，而經濟面如來台陸客腰斬，也連帶受到衝擊。

　　國民黨要率團參加海峽論壇，當然有助於突破此一僵局，增進互動與溝通，應該是好事一樁。但在意識形態沖腦之下，民進黨政府看到阿共仔就開槍，不准曾永權和林中森登陸，用的理由竟與國家機密無涉，而是「很敏感」這種虛無飄渺的荒

誕理由，其實只證明自己「逢中過敏症」嚴重上身。

而建中、武陵高中等學校的畢業生要去對岸的大學就讀，雖然留不住這些優秀學生在台灣還是可惜，但人才流動是全世界的趨勢，況且大陸的經濟實力不斷提升，磁吸效應越趨明顯。政府要做的事在於用更好的教育及就業環境來留人，而不是用綠色恐怖來施壓。

記得有首詩是這麼寫的：

你要我留在你身旁／你便剪去我的翅膀／你是如此愛我／從此我不再能飛翔

這首詩可貼切改成：民進黨要困住所有人／於是築起高牆／你是如此愛台灣／從此我們不能再變強

新聞資料：
〈高中生赴陸求學遭關切 黃子哲：綠逢中過敏症爆發〉，聯合新聞網，2018/05/23，
https://udn.com/news/story/6925/3158632

維持「憲撞」的蔡英文？！

　　蔡英文上台後，信誓旦旦要「維持現狀」，但執政二年多來，馬政府當時兩岸關係的現狀不僅沒能維持，還嚴重倒退。加上許多蔡政府蠻橫硬幹的種種作為，反而是凸顯出對憲法的持續衝撞，讓台灣頭破血流。

　　以近日外交危機為例，二年掉了四個邦交國，尤其是近一個月，多明尼加與布吉納法索接連與我斷交，當然與蔡英文總統縱容賴清德，多次公開表明自己是台獨主義工作者，脫不了干係。然而賴清德以行政院長的身分主張台獨，不啻是直接挑戰中華民國憲法，也挑動對岸敏感神經，也致使我國的外交空間進一步的被嚴重壓縮。

　　事實上，蔡英文以及整個民進黨政府衝撞憲法，踐踏憲政體制，早已成常態。從早期蔡英文主持「執政決策協調會議」，破壞權力分立原則、處理前瞻基礎建設特別預算案，程序有重大瑕疵、年金改革有違信賴保障及不溯及既往原則、擁有強制處分及調查等權限的黨產會與促轉會，像隻憲政大怪獸清算國民黨、到近期的拔管案侵害大學自治、以及讓總統府祕書長陳

菊去參與組閣或協調各憲政機關的違法亂紀 .... 等。

　　蔡英文當初承諾的「維持現狀」，現在結果卻像是輛失速列車的在「維持憲撞」，持續衝撞著好不容易建立起來的兩岸和平穩定與國家的民主法治。國外乘客看苗頭不對，紛紛緊急跳車了，接下來就等著驚嚇受怕的國內乘客，在二年後趕緊退票，並把列車長給換掉了。

新聞資料：
〈小英的維持現狀 黃子哲批：失速變成維持「憲撞」〉，聯合新聞網，2018/05/28，
https://udn.com/news/story/6656/3167212

蔡英文，香蕉妳的芭樂票！

　　2011 年 7 月台灣同樣面臨香蕉盛產，價格崩盤的問題，猜猜看誰信誓旦旦的說了這些話：

　　「……政府應隨時監測、了解農作生產情況，不能讓農作物價格慘跌情事發生……」

　　「……民進黨重新執政後，會建立一個農產品生產的有效率監控制度，並將生產季節分散，以防止生產過剩……」

　　是的，這些支票，就是當時在野的民進黨主席蔡英文所開出來的。

　　七年後的今天，她已經坐上中華民國總統大位第二年了，生產過剩導致蕉價慘跌的老問題，依舊沒解決。叫苦連天的農民，此刻才驚覺，原來蔡英文根本是詐騙集團，開了一張完全沒兌現的芭樂票。

　　農作物價格暴跌，與供需失衡、調控失當、甚至是黑心盤商……等諸多因素有關。但無論如何，量多價跌的問題發生了，對於農業有監督、管理或輔導角色的政府，當然難辭其咎，被罵也是理所當然。

　　七年前，蔡英文痛批馬政府失職、不負責任，還說馬政府

只有一個藥方，就只會找大陸來採購。但七年後，蔡政府不僅事先沒預防問題的發生，事發後所啟動的香蕉產銷調節或收購措施，幾乎與前朝一模一樣。但更慘的事，把兩岸關係搞砸的蔡政府，連找對岸來救援農民的機會都沒有。

傳出日前中常會時，蔡英文飆罵農委會副主委陳吉仲。他是該罵，因為2011年陳吉仲以學者身分講了一套大道理，然後批當時政府是「後知後覺」。諷刺的是，如今他成為「農政」機關的第二把手了，「後知後覺」現在放到他自己身上，似乎也毫無違和感。

蔡英文執政後，忙著意識形態治國，急於鬥爭政敵，根本無暇好好治理這個國家。過去選舉時的山盟海誓，如今變成似曾相識，而人民的信任與支持也急劇流逝。

尤其對於多數都是支持民進黨的農民而言，心裡不免一句：「香蕉，妳的芭樂……票！」

新聞資料：
〈香蕉價崩 黃子哲批蔡英文7年前就開了芭樂票〉，聯合新聞網，2018/06/12，
https://udn.com/news/story/12178/3194487

魔系總統──蔡英文

　　如果太消極、太鬆散、太沒攻擊力甚或過於佛心來的，會被消遣為是「佛系」。那麼兇殘、粗暴、不擇手段、猛攻狂擊的蔡英文，無疑是「魔系」總統。

　　日前民進黨全代會上，小英火力全開，痛批國民黨不僅不反省，竟然現在說要教訓改革的人。行政院長賴清德接著端出自以為是的政績，再補一刀「國民黨做不到，民進黨做到了」。

　　國民黨做得不好下台了，如今作為在野黨，用力監督或針砭民進黨政府的施政，就是它最好的反省作為之一。不然是要去奉承迎合蔡英文，每天說妳好棒棒，才是認真的反省？

　　賴清德拿出一堆經不起考驗的「改革」成績，只是自曝其短。要是真的那麼好，為何蔡英文的聲望不振，支持度低迷到僅剩三成多？而很多違法亂紀、狗屁倒灶的事，確實是國民黨做不到，也不敢做，但民進黨卻無恥做到了。（族繁不及備載）

　　從蔡英文政府對國民黨的抄家滅族、對年金改革的手段殘暴、對勞工的冷漠無情、對大學自主的痛擊（卡管），對新聞自由的箝制（以嚴打假新聞為名）、對人權的意圖侵犯（差

點通過的保防法）、對人民團體的伸入黑手（農水利會改為官派）……，都可看出魔性一點一滴的顯露。

　　而年底選舉這個期中考，攸關蔡英文的黨內領導地位與連任之路，所以越是接近，蔡英文的魔爪便更會尖銳出招。她全代會的談話，以抹黑在野黨來掩飾執政無能的缺失，目的在此。而可預期的，蔡英文接下來將會無所不用其極的繼續出招。

　　不過，諷刺的是，魔系總統倒也不是全然沒有佛性，例如對於窮凶惡極的 43 位死刑犯，蔡政府上任迄今，未曾執行，大展佛心。

　　該佛卻魔，該魔卻佛，人間如獄，蔡英文罪過罪過。

新聞資料：
〈國民黨不知反省？他酸小英魔系總統〉，NOWnews，2018/07/17，
https://www.nownews.com/news/20180717/2789074/
〈蔡英文批國民黨不知反省 黃子哲：魔系總統伸魔爪〉，聯合新聞網，2018/07/17
https://udn.com/news/story/6656/3257263

從蔣月惠
看民進黨與潘孟安的兩套標準

今天上政論節目特別激動，也格外有感觸，不是因為與「學姐」同台，而是身邊坐著這兩天爆紅的屏東縣議員蔣月惠。

我承認，當初看到新聞報導蔣月惠在警局要送花給被她咬傷的女警卻無人理，她便在警局嚎啕大哭的畫面時，我以為又是一個議員耍特權被踢爆，藉著道歉來作秀的政客。

但接著卻有戲劇般的發展。

其實她是為聲援屏東市公勇路道路拓寬工程拆除牴觸戶，被警方強力驅離時，情緒失控而咬傷女警。在一片對蔣月惠的撻伐聲後，卻被挖出其實她是一位長期為弱勢、為環保、為文資保存、為居住正義努力的鬥士。

更難能可貴的是，她的選票補助款與當選後的民代薪水，幾乎都拿去供應給她創辦並獨力支撐的羅騰園肢障協會裡的弱勢身障者。她的言行真情至性，就算要作秀也演不出來。

蔣月惠一路走來，始終如一。

但民進黨呢？過去利用支持苗栗大埔強拆運動而大口吸收政治養分，如今執政了，還在張藥房原地重建時誌賀，彰顯自

己對土地正義的重視。但同時間的屏東公勇路拓寬拆除案，蔡英文總統卻選擇裝聾作啞。　　這當然是兩套標準，因為苗栗縣是藍營執政，屏東縣是民進黨自己人執政，擺明了公平正義會認人，會轉彎，還會因地制宜。無怪乎，反迫遷團體包括反南鐵東移自救會、大觀事件自救會、台中黎明幼兒園、塭仔圳反迫遷連線、桃園國一甲線反興建聯盟、搶救大潭藻礁等，自民進黨上台後，便抗爭不斷。

潘孟安也不遑多讓，2011 年當立委時，針對機場捷運 A7 站桃園產業專區用地徵收案，痛批馬政府強取豪奪，跟土匪沒兩樣！，還要求相關單位懸崖勒馬，不可悍然侵害人民權益。

其實，今日的蔣月惠不過是當年潘孟安所處的角色，一樣為民喉舌，同樣為土地正義發聲。但顯然的，潘孟安當上屏東縣長，就忘了過去堅持的價值，面對本質相同的抗爭，卻顯得冷漠與傲慢，擺明換了位置，就換了腦袋。

蔣月惠，一個 145 公分弱女子、一個政治孤鳥、一個傻大姐、一個窮到要賣衛生紙或拉琴來募善款的俠女，卻展現無比令人感動的力量，希望這個政壇陳樹菊，繼續帶給台灣正面的能量。

新聞資料：
〈黃子哲爆潘孟安兩套標準 讚蔣月惠「政壇陳樹菊」〉，聯合新聞網，2018/07/20，
https://udn.com/news/story/12370/3264135

驚！賴神的托育之亂讓小英跛腳現形

行政院長賴清德執意倉促的推出托育新制，如今問題叢生而招致各界批評聲不斷。做為賴揆老闆的蔡英文總統，對此竟然只敢淡淡的表達要「做滾動式檢討」，這透露出相當不尋常的訊息。

托育新制事先溝通不足，規劃也未臻妥善，草率上路的結果，不僅家長、保母霧煞煞，連台北市長柯文哲都批說中央政策讓地方「雞飛狗跳」。

過去各部會要是貿然提出或公布類似這種不成熟的政策，小英必定是不假辭色的「嗆」官員。例如「滅香」事件、禁用塑膠吸管政策等，小英不僅會講重話，偶而還會上演震怒秀。甚至前行政院長林全在前瞻基礎建設計畫的論述不足，也曾傳出讓小英在民進黨中常會上動怒。

日前「建置托育準公共化機制」政策，由賴清德清「親自」拍板還召開記者會對外說明，然而卻捅出「托育之亂」的大簍子。要是按照小英過去的脾氣與作風，必定在中常會上好好修理一番。

137

換言之，這種低落的政策品質，照小英過去的標準，要官員「滾蛋」都有可能。但令人大感意外的是，小英完全沒有嚴厲斥責，只善意提醒行政部門，此政策必須隨時「滾動」式檢討。

　　小英之所以如此和顏悅色及輕聲細語，恐怕是因為形勢比人強。近日親綠的新台灣國策智庫民調才指出，近 6 成民眾不支持蔡總統連任，甚至問到民進黨內支持誰參選下屆總統，跟賴清德相比，小英只竟剩 23.4% 支持度，僅有賴清德的一半。

　　賴神如此光芒畢露，高人氣完勝蔡英文，所以就算賴神有錯，也不敢正面批評或指責，這也無異正式宣告，蔡英文提前跛腳了。

　　蔡英文的低支持度，正使她產生嚴重的領導危機。若無法止跌回升，恐怕只會進一步讓她被架空，大權旁落。**尤其面對 2020 的總統大選，賴清德勢必是小英連任路上，黨內最大的絆腳石。**

　　蔡英文過去管不住賴清德的務實台獨主張，現在連小小的托育政策也不敢管。小英當初找賴神當院長，想拉抬自己的支持度幻滅，現在連下一任總統大位恐怕也不保。不知她心裡會不會悔不當初？

新聞資料：
〈托育之亂小英沒怒罵？他突破盲點〉，NOWnews，2018/08/03，
https://www.nownews.com/news/20180803/2796604/？from=politiclist
〈賴清德捅出托育大樓子 小英為何沒修理他？ 他驚爆原因〉，中天新聞，
2018/08/03，http://gotv.ctitv.com.tw/2018/08/942492.htm

以色列能，謝長廷不能？！

　　日男藤井實彥來台侵門踏戶，作勢踹慰安婦銅像，引發國人眾怒。但我外交部以及駐日代表謝長廷對此事消極又軟弱的態度，更令人發火。謝長廷說：「若有任何證據顯示是政府指使的，當然要抗議，但若只是民間的行為，不會抗議。」外交部發言人李憲章說：「外交部譴責挑釁暴力及非文明的行為。是否要求日本道歉，則表示會呼籲日本正視慰安婦議題，並將持續與日方進行協商。」

　　顯然無論是謝長廷或外交部都將踹踢慰安婦銅像事件，導向是個人或民間行為，並刻意與日本政府作切割，也因此無需就此向日本政府表達任何意見。換言之，中華民國政府不會為難日本政府，頂多針對慰安婦議題喊喊話，給國人一個交代。

　　但就算單純是日本個人或民間團體的行為，難道做出如此爭議性的舉止，外交部或駐日代表處就可以吞下去，悶不出聲？看看以色列，**台灣在 2013 年 12 月一場反多元成家遊行隊伍中，有一位民眾穿著納粹軍服，引發爭議。當時以色列駐台北經濟文化辦事處就在第一時間向我「外交部」表達「嚴重關切」，並敦促予以積極的處理與應對。**

　　以色列政府想必也知道那是個人行為，與中華民國政府無涉。但事涉這種大是大非又挑戰其核心價值的問題時，以色列政府不會坐視不管，就算未必能得到官方的回應，但至少提出抗議，一種正式的表態，不僅以正視聽，也維護國家尊嚴。

　　對台灣而言，慰安婦是牽涉人權基本價值的議題，更有沉痛歷史的傷痕。藤井實彥雖只代表他個人或背後的「慰安婦之真相國民運動組織」，但他的那一腳，污辱的不只是慰安婦銅像，還有台灣人民的情感，更踐踏了中華民國的國家尊嚴。

　　所以，即便真的只是個人或民間行為，我外交部或駐日代表處當然該向日本政府表達嚴重關切，敦促針對此事予以關注與處置。哪怕得不到什麼實質的回應，但「提出」本身就具有相當的意義。外交部與謝長廷迄今仍不斷理由與藉口拒向日本政府嚴正表態，正證實了外界對蔡英文政府媚日傾向的批評。但民進黨再怎麼媚日，也不能把良心給昧了呀！

新聞資料：
〈國民黨：台人穿納粹裝被以國關切謝長廷卻不抗議日人踹慰安婦〉，中時電子報，2018/09/11
〈藍：以色列跟我抗議納粹裝謝長廷卻姑息日踹慰安婦〉，聯合新聞網，2018/09/11，https://udn.com/news/story/6656/3362047

小英難撇「欽」 促轉會應打掉重練

促轉會副主委張天欽的「打侯」會議錄音曝光，如今張天欽閃辭，主委黃煌雄及行政院長賴清德道歉。但與張天欽關係最密切的蔡英文總統卻裝得事不關己，僅淡淡的表示，「這確實不是我們認同的事」、「發生此事並不妥適」。

蔡英文意圖切割張天欽，急設防火牆，就是怕這把火會燒到自己。但小英越是想撇「欽」，就越撇不清。因為張天欽是蔡英文台大法律系的學長，他太太、現任監委楊芳婉更是小英的同學，也是小英所提名。

如果這還不夠，兩岸職權係總統所屬，如果沒有小英的允准，張天欽如何當上陸委會副主委？而立法院在處理促轉會委員的同意權時，張天欽也在立院答詢時證實，是受到總統府的徵詢才被提名。換言之，張天欽的在促轉會的提名與任命，與蔡英文完全脫不了干係。

我曾公開質疑，小英根本是促轉會背後的影舞者。促轉會九位委員，除張天欽如前述與小英關係密切外，委員楊翠及花亦芬過去也都是蔡英文自己智庫下「想想論壇」的主筆，甚至

連第一線的研究員，也有出身於該論壇的主筆。這一票人，儼然形成蔡英文在促轉會內的黑手群，暗中執行小英的意志。很難想像，若沒有小英當靠山，張天欽敢如此膽大妄為？這豈是一句「不認同或不妥適」就可以輕輕帶過？退一萬步言，就算此事不是蔡英文直接指示，難道不是小英就任總統後給予這樣的政治環境與氛圍，去滋養這票狐群狗黨的權力傲慢？去激發這群東廠的胡作非為？去造就這批政治打手的專擅濫權？

所以，最該道歉的是蔡英文。妳的副手陳建仁在雨災時去金門爽遊三天，妳迄今未致歉；妳的愛將張天欽將促轉會當鬥爭工具，妳也毫無歉意。這款總統，既無恥又令人痛心。

促轉會裡依舊充斥蔡系人馬，正當性也徹底被擊垮，更無法博取人民的廣泛信任。打掉重練，解散促轉會，重新定出轉型正義的方向與任務，或許才是正辦。

新聞資料：
〈小英難撤「欽」黃子哲點名：蔡英文最該道歉〉，中時電子報，2018/09/13，
https://www.chinatimes.com/realtimenews/20180913002067-260407
〈促轉會淪東廠打手黃子哲：蔡英文難撤張天欽〉，東森新聞雲，2018/09/12，
https://www.ettoday.net/news/20180912/1257516.htm
〈黃子哲：小英難撤「欽」促轉會應打掉重練〉，聯合新聞網，2018/09/12，
https://udn.com/news/story/12493/3364025

黃煌雄被請辭 如當年唐飛翻版？！

　　促轉會主委黃煌雄今日請辭獲准了，結束他短短 128 天的任期。他的離開，猶如當年前行政院長唐飛的翻版。對蔡英文總統而言，也如同是搬走路上的一塊大石頭，讓東廠的業務得以順利繼續執行。

　　9 月 12 日張天欽東廠事件被爆出後，促轉會主委黃煌雄肯定是「惶惶」不可終日。至今終於宣布離開促轉會。但與其說他是主動請辭該職位，不如說是「被請辭」，則應更為貼切。

　　促轉會 5 月 31 日掛牌成立，其中包括張天欽、楊翠、花亦芬等人都是英系色彩濃厚的委員。但黃煌雄說，一直到 7 月中旬都沒看到內部公文。連公文都看不到的主委，別說權力被架空，連想推轉型正義的理想都落空。所以小英當初找他來承擔社會責任，根本是個騙局，她只是利用黃煌雄其藍綠都可接受的社會形象與公信力，來當促轉會的人頭或門面而已。

　　張天欽等人要透過促轉會清算侯友宜，並對國民黨做政治鬥爭，以遂行小英的意志，這可以理解與料想，但錄音帶的曝光，並致使張天欽下台，卻是個意外。

　　這個意外，將促轉會的形象與信任摧毀殆盡，黃煌雄既無法領導促轉會，也不願意賠上自己的清譽與歷史定位，除了請辭，似乎也別無他法。**而黃煌雄的真相和解的轉型正義路線，原本就與蔡英文的清算究責路線相左。黃的離開，對小英會有門神功能的小損失，但卻換來障礙排除的大利益。**

　　這不禁讓人想起 2000 年國民黨的唐飛被陳水扁總統找去當行政院長，無論唐飛再有能力或抱負，終究只是阿扁用來當擋箭牌或門面的工具而已。所以同樣短短 140 天就因理念與廢除核四等，與扁政府理念不合而下台。甚至被不厚道的阿扁，以「搬開路上的大石頭」來暗喻唐飛得去職。

　　可以想像，當門面或做做樣子都不存在或不需要時，民進黨政府主導的促轉會，會有多殘暴惡劣。未來對國民黨的侵門踏戶與抄家滅族，勢必如同一支運動廣告的標語一樣：這次，我們不再客氣了！

新聞資料：
〈黃子哲：黃煌雄如唐飛 搬走大石頭〉，聯合新聞網，2018/10/06，
https://udn.com/news/story/12529/3407614

賴清德拿觀塘換深澳　是在抓交替?!

　　行政院長賴清德突如其來的「以觀塘接收站交換深澳電廠」之言論，引起軒然大波。事實上，兩者都會造成傷害，無論是環境或人體上的，賴揆提出的「交換」說，不僅劃錯重點，還猶如「抓交替」般，令人毛骨悚然。

　　賴清德過去不斷再三強調深澳電廠興建的必要性，例如今年四月，他去花蓮視察時曾提到，「深澳電廠的建置有它不得不然的地方」。賴清德甚至還說出「乾淨的煤」來幫深澳電廠背書，足見過去他對蓋深澳電廠的決心與意志。

　　然而，昨天他在立院備詢時說願意重新評估深澳電廠停建，來換取觀塘天然氣第三接收站順利通過。這擺明的是在髮夾彎，就時機點上，不無幫蘇貞昌在該議題上止血的意圖，但選舉考量的斧鑿甚深，未必能佔到什麼便宜。況且，觀塘接收站與深澳電廠，兩者都有環保上的爭議，前者會對藻礁生態產生破壞，後者是空汙對人體健康造成傷害。藻礁與人類的生命都很可貴，也都需要被保護，更沒有非得交易或交換的道理。

　　所以**賴清德的可交換說，令人匪夷所思，更像是民間「抓交替」的恐怖傳說，難道是要讓藻礁去當替死鬼？但他心中真正想交換未必是深澳附近居民的健康，而是蘇貞昌的選情。**

　　追根究柢，為了落實蔡英文不成熟又不負責任的 2025 非核家園政策，所有民進黨的高官及立委們，不僅幹話不斷，連鬼話也都連篇了。

新聞資料：
〈黃子哲：賴清德拿觀塘換深澳是在抓交替？〉，聯合新聞網，2018/10/06，
https://udn.com/news/story/6656/3407973

政治干預環評　民進黨是慣犯

12 年前民進黨執政時，一位環保署的環評委員發出一份名為「拒絕環評專業受行政干預」的聲明稿，獲得 9 位環委連署支持。12 年後，民進黨再度執政，當時的環委當上了環保署副署長，卻諷刺的幾乎是因為同樣的理由，辭去職位。這個人就是詹順貴。

詹順貴在當年的聲明中表示，行政院長蘇貞昌不斷放話，指我國環境影響評估程序已成為經濟發展的最大「絆腳石」；副院長蔡英文還對中部科學園區開發清楚提出時程，要求環保署在 4 月上旬完成中科七星農場審查，分明是以不當行政干預對委員施壓。

詹順貴過去是一位長期從事環保社會運動的律師，陳水扁執政時，即便他只是體制外的環保人士，都能感受政治力介入環評過程。可能更讓他遺憾的是，當政黨輪替執政兩次，他進入體制內當了民進黨政府的環保署副署長，行政干預似乎並未消失，行政院長賴清德在觀塘案環評的「過度期待的發言」，讓他深感影響制度的正常運作。

　　當年的國光石化案，知名的環保運動者文魯彬也曾指控，當時擔任行政院副院長的蔡英文，兩度私下打電話給他「關切」環評案件，甚至在其主持的財經小組會議中，對環評時程過於冗長表達不滿，對業者而言「非常不合理」，並指示環保署要簡化環評流程。

　　換言之，**民進黨政府對環評案的政治干預，可說是慣犯，從阿扁到小英政府，不改其對環評的粗暴插手與指指點點。**如今無論觀塘案對小英政府有多重要或多必要，只有 7 位官派環評委員同意通過，以及不當的行政干預，已經讓它失去了正當性與社會信任，而珍貴的藻礁也回不去了。

新聞資料：
〈黃子哲：政治干預環評民進黨是慣犯〉，聯合新聞網，2018/10/09，
https://udn.com/news/story/6656/3412790

可以不走回頭路，
但不能跟小英走錯路

　　沒有意外，蔡英文總統在今年的國慶談話包含兩岸關係幾乎都是老調重彈，了無新意。尤其幾乎快成為她的固定台詞「不走回頭路」，也都說了四次。**但小英沒搞懂的是，台灣可以不走回頭路，但不能跟著妳走錯路。**

　　蔡英文在國慶談話中強調，非核家園、年金改革及轉型正義，都不能走回頭路。足見她推動這三個政策方向的決心，在其任內，也都沒有改變的可能性。但事實上，過去二年多，小英根本完全走錯了路，一整個大走鐘。

　　蔡英文執意要在 2025 年推動非核家園，於是造成台灣可能必須用愛或用肺發電，甚至是電價上漲的危機。事實上，日本反而走了回頭路，「重啟核電」成為新的能源計畫。

　　軍公教的年金改革的方向沒錯，蔡政府卻用錯的方法去推動，過程不僅極其粗暴辱人，未能遵守不溯既往或信賴保障原則，也有違憲之虞。而只是延後破產以及留下尚待改處理的勞保年金，都難謂真正改革成功。

　　至於轉型正義，更是錯得離譜。促轉會成員原本就一票小英的人馬，又綠油油一片，加上張天欽東廠事件後，根本徹底毀滅促轉會的正當性與可信任度。原本的轉型正義已變成「轉型爭議」，連藍綠較能接受的黃煌雄主委都已請辭，何來小英口中的「民主向前跨大步」？

　　「不走回頭路」是蔡英文百搭的口頭禪，無論是談前述改革、談國防自主、兩岸關係、甚至是學術自由，她都可以無縫套用。但問題是，若路走錯了，回頭未必是壞事；況且，走錯路比走回頭路的代價，恐怕來的更高。

新聞資料：
〈走錯更慘！小英改革「不走回頭路」　一句話破解政治老梗〉，
NOWnews，2018/10/12，https://www.nownews.com/news/20181012/3010238/
〈改革不走回頭路！？黃子哲一句話破蔡英文政治老梗〉，中時電子報，
2018/10/11，https://www.chinatimes.com/realtimenews/20181011004373-260407
〈改革不能走回頭路黃子哲：但不能跟小英走錯路〉，聯合新聞網，2018/10/10，
https://udn.com/news/story/6656/3414598

四
立院格鬥篇

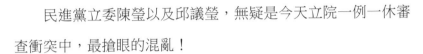

雙瑩之亂

　　民進黨立委陳瑩以及邱議瑩，無疑是今天立院一例一休審查衝突中，最搶眼的混亂！

　　衛環委員會召委、同時也是這次會議主席陳瑩，為反制國民黨立委占領原開會之會議室，昨晚臨時更改會議地點，並派委員熬夜駐守，反將國民黨一軍。

　　今早朝野易地再戰，現場發生推擠吵鬧，民進黨還派兩位不知名的壯丁當護花使者（Manpower）？，結果陳瑩完全不顧國民黨立委先舉辦公聽會的要求，也因耳朵業障而裝作聽不到「有異議」的吶喊，在短短一分鐘強行宣布完成審查，強渡關山可說毫無懸念。

　　儘管民進黨已得逞完勝，另一位曾在立院掌摑李慶華委員、去法務部踹破部長室大門的邱議瑩委員，在過程中還不斷向少數黨的國民黨立委叫囂挑釁，在鏡頭前甚至得意洋洋的比出勝利手勢。這超狂的姿態，應該會讓小英總統把「謙卑」兩字給吞下吧！

當年太陽花運動最大的訴求，還不是服貿本身的內容，而是針對「半分忠」的不滿而引發程序正義的要求。如今，民進黨如法炮製，甚至「青出於藍」。執政後昨非今是的鴨霸，令人咋舌；而此間全然不見憤青們的身影，更讓人感慨。

勞基法修正案，國民黨的「二例」版本，最終注定會慘敗給民進黨「一例一休」的版本。但說好的公平正義、勞工權益、溝通謙卑呢？

　　不知為何，我一直想起歌手阿杜一首歌的一段歌詞：

他（民進黨）一定很愛妳（勞工）

也把我（國民黨）比下去

分手也只用了一分鐘而已 ....

新聞資料：
〈藍營獻歌給民進黨：跟勞工分手只用 1 分鐘而已〉，聯合新聞網，2016/10/05

綠四狂　勞權亡

　　立院衛環委員會處理 10 月 5 日審查一例一休勞基法草案的議事錄確認，最後民進黨暴力護航，狠刪勞工七天假，程序正義與勞工權益蕩然無存。有四位民進黨立委鴨霸演出，成為綠四狂：

　　一、**瑩耳不聞**的陳瑩委員──因耳朵業障重，所以聽不到 5 日在現場的十幾位國民黨立委高喊有異議，一分鐘就審完法案；也因有神功，「一分瑩」自 high 成「百分瑩」。

　　二、**暴震傷民**的蘇震清委員──高壯的蘇震清站在會議桌上狠掐國民黨立委陳宜民的脖子，害得陳委員因此昏倒送醫。暴震必亡呀！

　　三、**玉琴故縱**的吳玉琴委員──國民黨與時力對議事錄有異議的提案通通不算，今日當召委，最後竟裁示 7 人贊成，0 人反對。擺明縱放過關，吃相難看。

　　四、**睿不可黨**的吳秉叡委員──他說：「反對者可不支持民進黨」。九百萬勞工，福氣啦，一起來消滅民進黨吧！

新聞資料：
〈諷民進黨鴨霸演出 藍狠酸提名「綠四狂」〉，聯合新聞網，2016/10/27

起底暴力瑩

2009 年 4 月邱議瑩在立法院與同為立委的李慶華發生口角，並對其掌摑。被法院以公然侮辱罪判拘役三十天。

2013 年 4 月邱議瑩因不滿法務部將陳水扁移至台中培德監獄，踹破法務部長辦公室的大門。

今天上午，邱議瑩再度在立院，為反對國民黨提案變更議程，公然罵國民黨立委「番仔」。

從打人到踹門，再到用歧視原住民的字眼辱人，無論是肢體或言語，邱議瑩早已是經法院認証過的暴力慣犯。

小英不是才以國家元首身份向原住民致歉，但自家立委說出歧視原住民的話，卻可以悶不吭聲，一聲譴責都沒有？

換言之，若非民進黨對邱議瑩的惡行惡狀一再縱容、放任又護短，她如何能囂張拔扈至此程度？

小英總統趕快踹共！否則妳對原住民的承諾與歉意就攏是假，而妳的痛苦指數也肯定會直線飆升！

新聞資料：
〈邱議瑩「番仔說」惹議 藍批：蔡總統怎能悶不吭聲？〉，聯合新聞網，2016/11/16

「世芳扯鈴」　打臉小英及花媽？！

　　為了證明自己比扯鈴還扯，民進黨立委劉世芳在審查預算時，認為僑委會在東南亞的扯鈴表演之文化推廣，因無法區分是中國統戰的社教工作，而要刪 80 萬元預算。

　　事實上，為了「去中化」，劉世芳心中的台獨小宇宙不斷爆衝運行，先是看陸軍官校校歌有「黨旗飛舞」不爽，而要求更改；接著又要國防部撤掉兩蔣陵寢衛兵；如今連無辜扯鈴也遭殃，被她當成對岸的統戰利器。

　　去中去到傳統的遊戲玩具也要廢，那乾脆連風箏、陀螺、毽子……，就通通一併禁玩，免得勇敢的台灣人從小就被中國統戰。當然，肉粽、月餅、春捲….等食物更一律不准吃，以免身體留有中華文化的遺毒。

　　不過，蔡英文總統不是才要把「中華文化」總會會長的位置搶回來自己當？月初高雄市長陳菊去韓國釜山慶祝締結姊妹市 50 周年，晚宴上不就是隨行的高雄市岡山國中上台表演扯鈴？

難道劉世芳是「借鈴殺人」，目標是打臉蔡英文總統、陳菊市長？！真是好大的膽子呀。

　　民進黨沒有最扯，只有更扯。「世芳扯鈴」，扯的其實不是玲，扯的是鬼，是內心裡意識型態的惡鬼。

新聞資料：
〈綠委稱扯鈴是幫大陸統戰　藍諷：以後禁玩風箏毽子〉，聯合新聞網，2016/11/21

腦殘容許量超標的綠委？！

　　明明是執政進行式的民進黨政府公告要放寬「氟派瑞」與「達滅芬」的農殘（農藥殘留安全量容許）標準，同黨立委王定宇竟有臉「馬維拉」，還要嘴皮！

　　經查行政院公報，蔡英文總統就任後迄今 10 個多月，就公告過 17 次農藥延伸使用及調整農殘標準。而 2000-2008 年陳水扁政府時代，也至少曾經公告過九次。

　　事實上，自民國 65 年起，農殘標準與適用農作物之範圍便會逐年增修與調整。換言之，這個標準是動態的，只要經過主管機關的評估及核准，無論是藍綠政府，都會有所變動。

　　其實藥商或農民都有提出申請的需求，所以重點在於這個農殘量的調整，是否合法？對民眾健康是否安全？以及與國際標準的對照是否合理？所以嚴格說，這次有問題的主要是，日本、澳洲、歐盟都禁用的「氟派瑞」，在台灣竟然要放寬到 6ppm，而且還是用於茶葉上。

　　氟派瑞有致癌的可能，即便它是低毒性，但依台灣人喝茶量之大，當然難免會引起疑慮與恐慌。更何況，領先全球開放

使用，也沒有急迫或必要性，更難以說服大眾。

引起這麼大的爭議，農委會已決定要暫緩實施。但民進黨立委王定宇還不放手，鬼遮眼似的，只硬扯馬政府當年對「達滅芬」農藥的開放，卻看不見當時雲林縣長蘇治芬與立委劉建國的大力要求與遊說開放？被國民黨副主席郝龍斌打臉後，還硬拗說，當時執政的是國民黨，所以就算有爛帳，也與民進黨無關。

別忘了，小英與阿扁執政時，都多次放寬與調整農殘標準。又依照王委員的邏輯，你所有向政府爭取的經費或建設，跟你也沒關係，那可是政府給的，關你屁事？何必矯情居功？

無賴政客的嘴臉最令人噁心，建議未來不能只有對農作物訂出農殘標準，也要對立委訂出腦殘標準，諸如「敬賀」都能寫錯成「敬輓」者，就明顯超標了！

新聞資料：
〈農藥放寬靠「馬維拉」救援 黃子哲批王定宇：腦殘超標〉，中時電子報，2017/03/27，http://www.chinatimes.com/realtimenews/20170327004891-260407
〈蔡政府放寬農藥標準 黃子哲批綠：「腦殘」容許量超標〉，聯合新聞網，2017/03/27

「拒馬」現形記

　　為了將年金改革陳抗者阻隔在外，立法院周邊架起重重的鐵刺拒馬加上刀片蛇籠，肅殺氛圍，簡直比北韓還北韓，觀光局還可以趁此機會大力行銷。

　　怪異的是，立法院在這種環境下開會，除了國民黨抗議外，其他過去高喊民主人權、公開透明的鬥士們，如今眼見此狀卻視而不見或裝傻閃避，一個「批」都不敢放，簡直匪夷所思。讓我們看看，這些人過去的偽善樣：

　　民進黨顧立雄：「拒馬、蛇籠其實根本沒有法源依據設置」，「集會遊行的民眾是你們的敵人嗎？」

　　時代力量林飛帆：「一層層拒馬、盾牌警力仍然把總統府、官邸、立院、政院圍的水洩不通，感覺實在羞恥至極 .... 這個國家早已不是民主國家了。」

　　台聯林志嘉：「...... 刀片拒馬的出現，只是造成警方與遊行民眾的對立，所以不應該使用 ......」

　　（其實還有很多，但族繁不及備載呀）

如今顧立雄到黨產會做了高官、林飛帆享受學運的無上光環、林志嘉還當上了立院的秘書長。這些人，換了位置，政治貞操就立馬腐敗，信仰價值就隨著出賣；不僅忘了我是誰，更忘了你是誰。

　　拒馬蛇籠的重層阻隔，除讓軍公教抗議者進不來，其實也意在使民進黨立委出不去（以便好好完成「英」皇的聖旨）。但意外的收獲是，昨是今非的醜惡以及兩套標準的老劇碼，一一現形。

新聞資料：
〈民進黨為年改大架拒馬蛇籠 看看他們當初怎麼罵〉，聯合新聞網，2017/04/08

「英式暴力原則」的一巴掌

2017 年 7 月 13 日上午立法院因處理前瞻基礎建設計畫預算案，朝野爆發衝突。國民黨立委許淑華不小心揮了民進黨立委邱議瑩一巴掌，卻猶如隔山打牛，意外的也打臉了蔡英文。

邱議瑩 2009 年 4 月在國民黨立委李慶華臉上的驚天一掌，讓她被法院以公然侮辱罪判拘役 30 天。對於這種暴力行為，時任民進黨主席的蔡英文，竟公開表示：全力支持邱議瑩，因為邱議瑩「是被挑釁的」。

如果被挑釁就要挨打，那邱議瑩今天在議場跩模跩樣，暴走扯掉李彥秀委員身上的麥克風線，遂引起一陣衝突。混亂中，邱被掃到一掌，豈不是剛剛好而已，這完全符合「英式打人暴力原則」。

但稍晚，民進黨中央發言人卻跳出來，要求恣意施暴的立委（許淑華）立刻道歉。

這是見鬼了嗎？竟敢忤逆小英，難道蔡英文主席的話都沒有在聽，既然是邱議瑩主動挑釁，就算真的挨揍，也是應該的，全黨上下一定要不分彼此，全力支持呀！？

否則，民進黨就坐實了根本是兩套標準，只准同志打人，不准同業還手；或是民進黨立委若打人就是逼不得已，若挨打就是別人無理？

　　但國民黨畢竟還是國民黨，即便許淑華被誇稱是神力女超人，但還是決定做一個乖巧的小甜甜，她站出來說：「雖然不是故意，但還是要跟社會致歉」。

　　許淑華越是展現歉意，民進黨越是態度強硬，其實就越打臉邱議瑩以及當年力挺邱議瑩的蔡英文。

　　警語：暴力無法解決問題，兩套標準會製造更多問題。

新聞資料：
〈小英曾挺邱議瑩打人 黃子哲讚許淑華符合「英式標準」〉，聯合新聞網，2017/07/13

蘇嘉全以自宮向小英宣誓效忠

今日凌晨，台灣「英皇」蔡英文聖誕之際，開心收到的第一份大禮，就是來自「行政院立法局」進貢的前瞻預算順利三讀通過。立法院院長蘇嘉全居功厥偉，宛如以自宮向小英宣誓效忠。

國民黨團針對前瞻預算提出超過一萬個預算提案，其中刪減案部分，被蘇嘉全瞎扯「一事不二議」，最後只處理民進黨的 232 個案子；而上百件的主決議案，則被民進黨整批包裹，直接改為建請案列入公報參考。

問題是，翻遍立法院議事相關規範，根本沒有所謂「一事不二議」。反而有立法院議事規則第 11 條規定，要依修正動議旨趣遠近來決定討論順序，也就是案案都得依序處理。所以重點是，立委或黨團所提的案子必須被審議，至於「二議」的合理性或處理方式，在沒有法規明文規定或議事慣例形成前，只能用政治協商來處理。事實上，這過去一向是由立法院長的重責大任。

至於主決議，係根據預算法第 52 條所提出，賦予立委對法定預算提出附加條件或期限。每一個主決議，都是內容相異的獨立個案，更非「一事」，也不會「二議」。且過去實務上，也和預算案一樣，都是由院長召集協商後，儘量縮減案量，最後交付院會表決。**如今民進黨將其改為建請案，根本是不倫不類，把原本法律保留的預算審議權，隨便用一個決議就給閹割了，簡直是犯賤無極限。**

　　蘇嘉全無能調和鼎鼐，就傾全力與民進黨團一起硬拗。不僅吃相難看，還自曝其短。事實上，蘇嘉全過去就曾因蓋豪華農舍，被監察院彈劾，公懲會最後認定他違法失職，給了申誡處分。這足以證明，法治教育真的不能等。

　　前瞻基礎建設計畫及預算，可說是問題叢生、漏洞百出。如今民進黨不顧程序正義，公然違法，硬闖預算，即便眼下過了前瞻，最後卻可能輸了台灣！

新聞資料：
〈黃子哲：蘇嘉全瞎扯一事不二議 自宮立院向小英效忠〉，中時電子報，2017/08/31，https://www.chinatimes.com/realtimenews/20170831004151-260407

連姑婆勇也反對用客語報告！

　　國民黨立委林德福挨批了。因為客委會主委李永得到立院報告時，原本要全程使用客語，但被林德福當場制止。民進黨與時代力量見機不可失，紛紛對林大加撻伐。

　　民進黨立委谷辣斯‧尤達卡說，李永得說客語卻被制止，這樣的情況真的價值錯亂到令人想要「爆炸」；時力的立委徐永明則認為林是蠻橫地抗議，為了客家族群的尊嚴，客委會要拒絕無理要求，不能妥協；時力助理陳為廷也罵林是傲慢，自以為回到戒嚴年代，在「禁說母語」。

　　看到這麼多人森七七，林德福解釋說，立法院尚未落實客語無障礙環境，所以即便現場有為立委準備翻譯機，但沒有通譯人員，委員會內不懂客語的工作人員、記者、助理等，還是會聽不懂。

　　語言環境有無障礙不是重點，多少人可聽懂也不重要，林德福違反尊重多元族群與文化這個天條，還踩了扼殺母語的紅線，讓敵人可輕易上綱至威權復辟，這才是白目，應該罵！

話說客委會主委在內政委員會用客語做報告並不是第一次，馬政府時期的主委黃玉振，扁政府時期的李永得（對，他做了兩次），也都有前例。但立委對於客語的理解障礙與抗議使用，可是不分藍綠的哦。

　　2005 年 10 月 5 日，內政委員會一樣是李永得要用客語作報告，時任民進黨立委的徐國勇就嚴正反對，他批說：「這是開會，不是進行客語演講，......事情不對就是不對，本席根本不接受使用同步翻譯機......」。（立法院公報如附照片）

　　姑婆勇就是勇，他自己雖身為客家人，12 年前就已認為國會中的正式會議應該要用大家都聽得懂的語言來進行詢答。這一番真心告白，就像物質一樣，都是不滅的，牢牢記錄著那時的他，也多麼的政治不正確呀。

　　禁說客語也不足為奇，史上最強的是立委不准官員說中文。

2012 年 12 月 27 日，時任駐美代表金溥聰赴立院外交及國防委員會進行業務報告，民進黨立委蕭美琴質詢金時，在後半段突然來了一段英語即席質詢，霎時好像電視雙語頻道，突然由中文轉換到英語模式。蕭也要金用英語回答，有關台灣在美國「再平衡」政策中的角色，以及美方擔憂兩岸會否在東海、南海議題上聯手等問題。

由於金溥聰認為在立院答詢應該要用國語，且並非現場的其他人都可以理解質詢內容，所以雖被迫要說英語，但還是夾雜了些中文。雙方一陣交鋒，你來我往，相當精采。當時會議主席陳亭妃委員不知是聽不懂，還是聽到忘我，對於用英語質詢竟沒有任何制止或裁示。其實民進黨要是這麼厲害，以後請我駐法代表回來報告就用法語質詢，請駐西班牙代表回來報告就用西語質詢，請駐吐瓦魯大使回來報告就用 Tuvalu mo te Atua（吐瓦魯語），這樣才是好棒棒哦！

立法院尊重多元文化及語言，其實算是有相當的共識，除了前述客委會主委用客語報告由來已久外，廖國棟委員也曾用母語（阿美族語）在院會發言，而蔣孝嚴委員甚至曾全程使用台語進行總質詢。

　　台灣民主政治發展至今，單一語言的霸權宰制已不復在，也看不出來有誰要走回頭路。相信林德福不是，徐國勇及蕭美琴等立委也不是。在國會殿堂上，把語言作為一種單純的溝通工具，就必須立於互相能理解的水平線上，如何訂出遊戲規則，當然可以被討論。若真的要做文章或無限上綱，也請不分藍綠，一併處理哦。

新聞資料：
〈黃子哲：徐國勇也曾要李永得不要用客語報告〉，中時電子報，2017/11/13，
https://www.chinatimes.com/realtimenews/20171113005452-260407

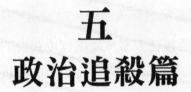

五
政治追殺篇

顧立雄　自食其「例」

　　顧立雄擔任本屆民進黨不分區立委僅六個月，任內著力最深的法案便是「政黨及其附隨組織不當取得財產處理條例」（不當黨產條例）以及「促進轉型正義條例」，（促轉條例）。7月25日不當黨產條例三讀通過，短短兩周後，2016年8月9日顧立雄就證實要接任不當黨產處理委員會的主委一職。顧委員拒絕不勞而獲，要什麼位置，先自己栽；**自己推動的條例，自己去擔任主委。這種自食其「例」的創舉，簡直是地表最勵志的故事**，真心建議中小學課綱審議會將此範例納入課綱中，一定可以激勵人心。

　　怕顧立雄委員太過謙虛自己對不當黨產條例的貢獻，特別找出6月17日陳其邁委員接受電台專訪的說過話來印證。其邁委員說：「……不當黨產條例草案是經過立委顧立雄等多位專家共同審訂的……」所以顧委員對該條例涉入之深，出力之鉅，可是有目共睹哦。

　　不過，請教顧委員，您推動的不當黨產條例第二十條規定：「本會委員應超出黨派之外，依據法律公正獨立行使職權……」。主任委員為委員成員之一，您過去阿扁的御用大律師，現在又是民進黨不分區立委，您在質詢時更早就把國民黨的黨產推地為不當，這樣的身分與立場如何能「超出黨派之外，依據法律公正獨立行使職權例」？

　　謝謝蔡英文總統勇敢決定了這個任命案，讓之前所有對該條例是政治追殺的質疑有了解答。不過也拜託民進黨委員，下次審議促轉條例時，可否先簽個不會球員兼裁判的「不自肥切結書」，公開表態若條例通過後，不會去擔任促轉委員會的官，不然，食太飽，也是會噎著哦。

新聞資料：
〈顧立雄遭諷：自食其「例」 要位自己「裁」〉，聯合新聞網，2016/08/10
〈顧立雄接新職遭諷 要什麼位置就自己裁〉，中時電子報，2016/08/10，
https://www.chinatimes.com/realtimenews/20160810009773-260407

「雇綠雄」？
不當黨產委員會成為民進黨的附隨組織！？

　　不當黨產委員會的委員名單今天出爐，主委顧立雄除不忘自食其「例」外（自己推動的條例，自己擔任主委），還深怕委員血統不夠純正，於是找來的成員，幾乎不是民進黨出身，就是與民進黨關係匪淺，儼然成為「雇綠雄」。**而不當黨產委員會綠光閃閃，也有成為民進黨附隨組織的潛力。**相信這麼多志同道合的好朋友湊在一起，未來開會一定和樂融融，追討黨產絕對輕鬆完勝！

　　端詳這份名單，還可以將其歸類如下：

　　一、綠光聯盟：

　　顧立雄：阿扁御用律師、民進黨不分區立委

　　袁秀慧：民進黨御用律師、曾任民進黨青年部副主任

　　施錦芳：2005 年加入民進黨，曾任屏東縣府主任秘書、墾管處長，代表民進黨參 選屏東市長：

　　林雨蒼（林哲瑋）——民間司法改革基金會執行秘書（顧立雄曾擔任董 事長）、沃草專案經理

　　吳雨學：律師，曾任台聯推薦的中選會委員

二、先入為主聯盟：

羅成宗：黨產歸零聯盟執行長

李福鐘：政大教授，曾擔任「清查不當黨產・捍衛國家資產」全國巡迴展解說員。

三、復仇者聯盟：

楊偉中：國民黨前發言人，遭國民黨開除黨籍。

李晏榕：律師、參選本屆立委落選，該選區由國民黨提名人當選。

值得注意的是，「政黨及其附隨組織不當取得財產取得條例」第二十條規定：本會委員應超出黨派之外，依據法律公正獨立行使職權……」。這些成員能否公正中立，超越黨派與仇恨之外，來處理會務，答案其實已昭然若揭了。

新聞資料：
〈雇綠雄？藍諷：不當黨產委員會成綠的附隨組織〉，聯合新聞網，2016/08/24

顧立雄傾洪荒之力挺前科犯？！

　　不當黨產委員會準主委顧立雄，發揮極大的創意與幽默感，針對羅承宗過去有違法前科之事，傾洪荒之力無厘頭的辯解，真是好棒棒！

　　簡單整理，顧立雄大律師認為羅承宗事件：

　　1．「已是 11 年前的事了」

　　2．「與專業不衝突」

　　3．「不違法」

　　突破盲腸如次：

　　1．羅承宗違反著作權法，被判刑六個月，是 11 年前的事。您追討國民黨黨產要溯及 1945 年，也就是 71 年前的事。嗯……顧律師的數學，好像比較特別哦。**要我們別計較 11 年的事，卻要清算別人 71 年的財產**，這是什麼道理？若依照您的邏輯，是不是大家都可以「往事不要再提？」

　　2．江春男因酒駕主動辭去我駐新加坡代表的職務，酒駕與專業也無關哦，人家還是發揮道德勇氣與高度，阿莎力給辭職了。

　　3．不當黨產條例第 21 條規定，有違法、刑事案件被起訴等，可以將委員解職。顧大律師認為這是適用委員任命後。咦，那任命前有內亂外患、殺人放火前科的人，也有資格擔任委員囉？

　　顧立雄律師一定是感覺政治太無趣了，搞笑一下娛樂大家，來賓請掌聲鼓勵鼓勵！

新聞資料：
〈顧立雄挺羅承宗 黃子哲酸：傾洪荒之力〉，聯合新聞網，2016/08/27

用顧立雄打臉雇綠雄

　　2016 年 8 月 26 日我首度揭露羅承宗 11 年前曾違反著作權法遭判刑六個月，並質疑他不適任不當黨產委員會的委員。又因他找了一票綠營人士當委員，我稱他叫「雇綠雄」。

　　8 月 31 日不當黨產處理委員會掛牌第一天，顧立雄大主委甫上任就大展官威，面對記者提問羅承宗是否適任委員，怒嗆記者回說：「（黨產）條例中有沒有規定一個人在 11 年前犯了著作權案，被判刑就不能擔任委員或被解職？」而且還接著連續疾言厲色喊了三次「我先問妳有沒有」？「有沒有」？「有沒有」？

　　因為很重要，所以顧主委要問三次。那我也先依照顧主委的邏輯，問您三次？

　　請問顧立雄，2016 年 4 月中研院院長翁啟惠因浩鼎案被起訴，以及 2013 年 11 月，時任檢察總長黃世銘被控洩漏偵查秘密遭起訴。這兩件案，你有沒有公開大聲要求涉案人要辭職？中華民國哪一條法律規定這兩個人被起訴（還不是判刑哦），就不能擔任中研院院長及檢察總長？我先問你有沒有？有沒有？有沒有？

　　凡走過必留痕跡，網路都可以輕易找到你當時大義凜然要別人下台的新聞報導。

　　若按照過去顧立雄的標準，有前科的羅承宗絕對不適任，就算當了委員，你應該也要請行政院長將他免職。結果你迄今依舊力保羅承宗，還遷怒鄙視記者。

　　同樣的，若按照現在雇綠雄的標準，翁啟惠與黃世銘也無須辭職呀，你當時要人家下台，是喊什麼勁？

　　不當黨產條例第21條第4及5款明文規定，委員如有違法、因刑事案件受羈押或起訴，皆應免除其職務。

　　顧主委現在硬拗這是指擔任委員之後才適用。好吧，就算退一萬步講，法律或有各自解讀的空間，但要一個曾竊盜他人智慧財產的人，賦予他極大的調查、處分權，去追討別人的財產，這樣合適嗎？社會觀感會好嗎？能夠依法公正行使職權嗎？

　　上帝要使一個人毀滅，必先使一個人瘋狂。

　　看到雇綠雄猖狂的嘴臉，便知毀滅之日不遠！

法律不是顧立雄說了算

就算顧立雄是三位前後任總統李登輝、陳水扁、以及蔡英文的御用律師，並不表示他可以高傲的成為公理正義的化身；即便顧立雄當上了黨產會的主委，也不意味他所為的處分，就能夠狂妄的凌駕法律！

台北高等行政法院 2016 年 11 月 4 日判決不當黨產委員會凍結國民黨兩帳戶 4.6 億元違法，裁准在訴訟確定前停止執行凍產。

事實上，黨工同時也是勞工，給付給他們薪資、健保費等，本來就是黨產條例第九條第一項所規定允許動支黨產的履行法定義務或其他正當理由。但黨產會硬是要把這些錢給凍結，顯然是要一手剝奪勞權，另一手打壓政敵（國民黨）。

還好官威再大，也大不過司法。**行政法院就是打臉顧立雄，認為黨產會凍結黨產，欠缺行政處分的「明確性」要求，「合法性」顯有疑義。**

　　事實上，有合法疑義不只這件，黨產會委員羅承宗被我起底曾違反著作權法遭判刑四個月，依黨產條例也應免除其職務。但顧立雄 94 狂，硬拗那是多年往事，條例生效前的犯罪行為通通不算。而被記者問及此事，顧立雄甚至怒槓回去。

　　如今不可一世的大律師竟會輸了官司，這可傷了顧立雄的玻璃心，所以他怒嗆：法官沒看懂法條！黨產會發言人施錦芳還說法院判決「礙難贊同」。

　　黨產會或許可以說是民進黨政府家開的，但法院可不是哦。若對對法官的判決無法心悅誠服，顧立雄大可辭去主委一職，免得後續官司繼續輸，還連帶影響顧主委選台北市長的行情呀。

新聞資料：
〈指法院見解有誤 藍嗆：法律不是顧立雄說了算！〉，聯合先聞網，2016/11/04

法學教育的向下扎根有其必要

顧立雄在黨產官司上連三敗，對一個自恃甚高的御用大律師而言，無疑是個重創。

第一次台北高等行政法院裁定黨產會敗訴時，顧立雄嗆法官：沒看懂法條。

多虧顧立雄的提醒，法官後來深刻搞懂法條後，最高行政法院再判顧立雄敗訴，應停止執行凍結國民黨在銀行資金八億多元。

今日台北高等行政法院又把黨產會另一個將中投、欣裕台兩家公司收歸國有的行政處分，裁定應停止執行。

打臉三連發，一定讓有著玻璃心的顧立雄，會有更瘋狂的報復行動。

其實，法院裁定的根據，是司法的 ABC，就是要依現代法治國家依法行政的法律規定及原則，行政處分須有法律授權根據，且內容必須明確、可能。

　　但顧立雄以及他的黨產會就要違法亂紀，草率剝奪憲法所保障的財產權。

　　回想發生川蔡通話的翻譯爭議時，總統府發言人黃重諺曾譏說：英語的向下扎根有其必要性。

　　看來，台灣法學教育的向下扎根也是有其必要。

　　當然，**顧立雄拿人民納稅錢，連三敗卻不下台，也告訴我們：道德教育向上提升更是重要。**

新聞資料：
〈黨產會三連敗顧立雄不下台　黃子哲：道德教育很重要〉，聯合新聞網，
2016/12/16

陽光照不到黨產會委員的財產

　　黨產會趕業績，2017年4月27日開聽證會，意圖將鹹「雄」手伸入婦聯會。但黨產會成立近八個月以來，張牙舞爪，囂張跋扈，別人的財產「很」會查；但他們自己的財產，卻見不得人。

　　公職人員財產申報法第2條規定，上至總統、政務官、立委及民代，下至十職等以上單位主管、公立學校校長等，都要依法申報財產。就算一樣是獨立性質的機關，如公平會、NCC等，無論是主委或委員也無一例外。**但黨產會除了主委顧立雄外，就是沒有任何一位專職或兼職的委員需要申報財產。**

　　原因在於，當初黨產條例設計時，就刻意鑽了漏洞、開了後門，把位高權重的黨產會委員以「約聘」方式任用，巧妙的避開了申報適用的對象。

　　但退一萬步論，前條規定須申報對象尚有：「其他職務性質特殊，經主管府、院核定有申報財產必要之人員。」而黨產會幾乎是準司法機關，有調查權及處分權，其職務具高度敏感性，有什麼理由可以規避廉能機制的監督？行政院長林全不將

其列入申報對象，是眼睛業障重？還是要當共犯結構？

　　目前黨產會共 12 位委員，有四位專任及八位兼任。除顧立雄領部長級的薪水外，還有三位專任委員，爽領等同簡任 12 職等的高薪。他們拿的是人民的納稅錢，權力還巨大如怪獸，他們的財產，老百姓卻連知的權利都沒有。

　　這無異像是查別人稅的，自己不報稅；要別人脫光檢查，自己卻包得密不透風；要別人三代家世清白的，自己卻連身分證都藏起來。

　　最諷刺的是，黨產會成立時，顧立雄主委說：「......要揭開關於不當黨產的神秘面紗及黑箱，讓它能被陽光充分照射......。」而顧立雄連自家委員的財產都不透明，也搞不清楚，還可以用一副正義凜然之姿、傾洪荒之力清算國民黨。只能說：奸人，就是矯情！黨產會的兩套標準，讓陽光轉彎，也令正義蒙羞，更讓魔鬼現形！

新聞資料：
〈黨產會查國民黨財產 藍批：自己財產卻見不得人〉，聯合新聞網，2017/04/27
〈兩套標準魔鬼現形？名嘴：黨產會除顧立雄外沒人申報財產〉，東森新聞雲，2017/04/27，http://www.ettoday.net/news/20170427/913121.htm
〈兩套標準？ 黃子哲爆：黨產會除主委外無人申報財產〉，中時電子報，2017/04/27，http://www.chinatimes.com/realtimenews/20170427004195-260407

不當黨產條例是一盤政治爛菜

　　追討不義之財本應是件好事，但此刻國事如麻，民進黨卻要在臨時會硬推這個由同黨立委葉宜津所提的不當黨產處理條例。問題是，這法案以「超瞎」為食材，把奸巧當佐料，再用仇火去悶燒，注定炒出來的是一盤政治爛菜。

　　民進黨應查查全國法規資料庫，現今我國法律中以「不當」為名稱者，僅有「戒嚴時期不當叛亂暨匪諜審判案件補償條例」，顯見要冠以不當之名，必然相當謹慎，因而十分罕見。況且該條例係以補償為目的，也有當時的判決文件可資參考。

　　反觀不當黨產處理條例草案，除硬扣上少見的「不當」名稱外，國民黨能不能找到黨產資料似也困難，未來只要無法證明黨產取得之正當性，即可用國家公權力介入來強制移轉財產，未配合者還可以施以罰則。此惡例一開，不啻把國家的法律當成政治鬥爭的工具，而後續黨產的調查與處理，都成為一波波藍綠對抗的戰場。

再者，不當黨產處理條例中，共有四個條文出現「推定」、「視為」之文字（比整部刑法還多），分別為：「......推定為應返還所取得之財產」、「......推定為前項之惡意或可得而知」、「......視為應返還所取得之財產」（二個條文）等。**民進黨要剝奪別人在憲法所保障的財產權，不循嚴格的證據法則，卻用「推定」、「視為」的方式來推測，豈不瞎呼？**

不當黨產處理條例絕對是個高度爭議的政治性法案，它雖用轉型正義或民主憲政做勉強包裝，但仍有引發政治海嘯的可能性。為了避免後座力的傷害，因而如此重要的法案，既無民進黨黨團版，也沒有行政院版，而是由個別的立委提出，以俾利設下停損點，其背後的算計，充分展現民進黨奸巧的一面。

國民黨在總統與立委選舉嚴重挫敗，但民進黨大獲全勝後並沒有收手，而是趁勝追擊的操作不當黨產、轉型正義等議題，企圖一舉殲滅國民黨，為長期執政來鋪路。

政黨間的競爭本是民主政治的常態，但殺紅了眼的手段與嗆聲，卻嗅得到民進黨仇恨的味道瀰漫。英國哲學家培根說：去復仇，一個人頂多等同於他的敵人；但放棄復仇，卻讓他比敵人高尚。很可惜的，民進黨選擇了前者。

　　國民黨於執政時，未能妥善解決過去糾纏許久的黨產問題，已錯失了最好的時機，如今也只能任人宰割。但對的議題，也可能因為錯的手段與時機，反而弄巧成拙。不幸的是，民進黨還端不出政績，卻可能先讓人民陪著品嘗政治惡鬥的苦果。

新聞資料：
〈不當黨產條例是一盤政治爛菜〉，蘋果日報，2016/07/21，
https://tw.news.appledaily.com/forum/realtime/20160721/912631/

師孟獵巫

今日台北政壇最搶戲的莫過於「雙陳」：即陳水扁與陳師孟。前者身為一個正在保外就醫的貪汙犯，卻可以趴趴走，跑去翠山莊見了李登輝，順便一泯恩仇。後者則在立法院，大談「師孟的獵巫計畫」，要把送阿扁進監牢的法官，通通嚴辦！

事實上，阿扁當總統時，陳師孟還當了他的總統府秘書長一年，雙方必定是水乳交融。尤其這麼多年後，陳師孟被提名監察委員，竟還不忘趁機矢言要幫阿扁報仇，這種君臣關係簡直是中華民國行政史上的極品與典範。

一般而言，要經立法院同意的人事提名案審查時，被提名人（如監委、試委、大法官……等），為了爭取立委的支持，就算心裡有百般意見，立場有多麼鮮明，在審查過程中，還是會「裝乖」、「裝客氣」、「裝中立」……。

但陳師孟才不媚俗，而且還沒上任調查就隔空辦案，直指「陳水扁沒貪污！」、「還認為過去台灣司法殘害都是綠營的人，所以他要「辦藍不辦綠」、「任內做到司法界殺雞儆猴」。

所以不僅判阿扁有罪的法官要遭殃，所有曾判過民進黨無論大小官員、立委、議員、代表……有罪的法官，下場就如

同獵巫般，一個都跑不掉，一定辦到你不要不要的。陳師孟的話若直白一點，似乎就是：「監察院現在是民進黨開的」、「阿民進黨就全面執政了！算我們好運，不然阿要怎樣？」

但就算陳師孟不願意對審查的立委，表現出對其職權上絲毫的尊敬。可是憲法增修條文第七條明文規定：「監察委員須超出黨派以外，依據法律獨立行使職權。」**陳師孟這樣帶著復仇、偏頗、甚至是猖狂的立場，要去當監委，根本視法治於無物，擺明是要當民進黨的打手來的。**

但問題是，小英提名這批主張要廢監院，又愛當監委愛到要死的聲望卓著之士們，會因為這樣偏激的言論而被刷下來嗎？答案是：不會。

從一例一休、前瞻條例、黨產條例、轉型正義條例等的前車之鑑可知，面對靠勢又囂張的民進黨，在野黨終究只有狗吠火車的份而已。

新聞資料：
〈藍批陳師孟上任獵巫計畫 要把關阿扁的法官通通嚴辦〉，聯合新聞，2018/01/15，
https://udn.com/news/story/6656/2931334

小英竟是促轉會背後的影武者？！

　　黨產會昨日再次強行查封國民黨在台北及新北市多處地方黨部，這種抄家滅族的政治動作，已非新鮮事。但日前（2018年8月）一併配合演出的促轉會，卻首次出擊就露了餡，幾乎可以看出其背後有強烈執行蔡英文意志或指示的影子。

　　因懷疑國民黨智庫「國家政策研究基金會」的地下室藏有政治檔案，促轉會昨天下午派員突襲該處，要求進行「調查或勘驗」。促轉會事先未予知會，用突襲的方式要侵門踏戶就已經很不正義了。而所出示公文在右上角的承辦人，竟然還是小英基金會下的「想想論壇」之主筆陳昱齊。

　　從想想論壇的網站可以看到，陳昱齊寫過多篇轉型正義的文章，意識形態相當明確，親綠的政治立場也毫不含糊，渠核心主張就是要把國民黨的黨史資料通通收歸國有。

　　除了擔任蔡英文智庫主筆，陳昱齊還當過民進黨立委李昆澤的助理。如今到促轉會任職，主筆及助理身分是否還存續，尚不得而知。但若是三者兼具，還領由人民納稅錢成立的促轉會薪水，那簡直就是無法無天，堪稱國庫通民進黨的智庫了。

但無論如何，看看促轉會委員的名單，9位委員中，可說是綠油油一片，檯面上掛名民進黨有2人，其餘不是親綠，就是與蔡英文關係匪淺。除了前述陳昱齊入會任職外，「想想論壇」的主筆群中，還有楊翠及花亦芬也同時擔任促轉會的委員。

　　換言之，無論是委員或聘任的人員都極具小英的色彩，所以蔡英文可說是直接或間接掌控了的促轉會。就在國民黨即將舉行全代會之際，促轉會這次與黨產會分進合擊，一併突襲國民黨，蔡英文不無意圖對國民黨下馬威，打擊士氣與信心，並挽救自己低迷的民調之可能。

　　但促進轉型正義條例第12條規定：促轉會應依據法律，獨立行使職權。促轉會委員應超出黨派以外，依法獨立行使職權，於任職期間不得參加政黨活動。

但看看促轉會這些人先入為主的意識形態，以及與民進黨密不可分的背景；再看看促轉會首發的粗暴手法。如今促轉會，卻像是民進黨的附隨組織，甘願當打手或東廠，去清剿或對付國民黨以及被認定的附隨組織，這豈不是荒謬或諷刺？

我也支持促進轉型正義及落實自由民主憲政秩序的崇高理想，但無論黨產會或促轉會都存有許多違憲之虞。此刻最該轉型恐怕是促轉會，而最沒正義的，當然也是蔡英文莫屬。

新聞資料：
〈黃子哲爆：蔡英文是促轉會背後影武者〉，中時電子報，2018/08/19，
https://www.chinatimes.com/realtimenews/20180819001526-260407
〈蔡英文是促轉會背後的影武者？黃子哲秀公文：最沒正義是她〉，東森新聞雲，
2018/08/18，https://www.ettoday.net/news/20180818/1238386.htm
〈促轉會突襲查藍智庫黃子哲：承辦人是蔡英文智庫主筆〉，聯合新聞，
2018/08/18，https://udn.com/news/story/10214/3316804

「除垢法」變「除侯法」
「促轉會」變「助選會」？！

　　一場由促轉會副主委張天欽主持的內部會議，名為討論「除垢法」，實則為「除侯法」，完全針對國民黨新北市長候選人侯友宜而來，密商如何透過修法來給侯友宜在選戰中予以痛擊。

　　這活生生血淋淋露骨的對話包括：

　　「⋯⋯ 但是重點來了，你看侯友宜，這個如果沒有操作，很可惜。」

　　「⋯⋯ 我們不要（直接）談侯友宜，我們要談這樣在某 A 國家會怎樣 ⋯⋯，間接影射殺傷力更強了。」

　　「現在還有選舉考量，用字一定更辛辣。」

　　「他（侯友宜）是轉型正義最惡劣的例子 ⋯⋯」

　　「⋯⋯ 我覺得還是要回到個案講，講侯友宜，要引蛇出洞，⋯⋯」

　　「你投侯友宜一票，等於就是投污垢一票 ⋯⋯」

促轉會旨在處理台灣從威權轉型到民主體制間的正義工作，促進轉型正義條例第 12 條還規定，「促轉會應依據法律，獨立行使職權」、「促轉會委員應超出黨派之外，依法獨立行使職權。」

結果，促轉會非但沒超出黨派之外，還由張天欽帶頭陰謀作亂，直接當成民進黨的政治打手與選戰工具。簡直是目無法紀，胡作非為。「促轉會」儼然成為「助選會」；「正義」消失無蹤，「爭議」倒是層出不窮。

促轉條例及促轉會在民進黨強勢主導下通過與成立，該機關擁有強大的調查權與處分權，與黨產會一樣，過去屢屢被質疑猶如錦衣衛，目的是用來清算國民黨。如今促轉會用實際行動幫外界證實，所有的懷疑都是真的！！！

蔡英文曾說：「促轉會成立，開始清理威權遺緒，這些不是清算，是正義實踐與民主深化。」、「轉型正義的目標是和

解，而不是鬥爭」。這些話言猶在耳，但全部破功，也列入幹話語錄的一部分。

公務人員行政中立法第4條規定：「公務人員應依法公正執行職務，不得對任何團體或個人予以差別」、「公務人員不得利用職務上之權力、機會或方法介入黨派爭紛。」

張天欽等人已明顯違法，趕緊自己滾蛋或依促轉條例讓賴清德院長予以解職。否則，台灣的促轉會將淪為全世界轉型正義的笑柄，民主史上的最難堪的惡例。

新聞資料：
〈黃子哲：張天欽等人若不解職將成全世界轉型正義笑柄〉，中時電子報，2018/09/12，https://www.chinatimes.com/realtimenews/20180912001775-260407
〈黃子哲：「促轉會」儼然成為「助選會」〉，聯合新聞網，2018/09/12，https://udn.com/news/story/12493/3362687

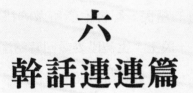

六
幹話連連篇

妄下「段」言　民進黨陪葬

　　民進黨輸了花蓮市長補選，該黨不分區立委段宜康大爆走，在臉書 PO 文說「沒辦法假裝不鄙視那些選民」。

　　沒辦法就是沒辦法，段委員是發自內心的鄙視花蓮市那些投給對手魏嘉賢的選民、鄙視他們所做的抉擇。因而選民抉擇背後的制度－－民主，也被段委員同時給鄙視進去了。建議「民主進步黨」，可以更名為「民主鄙視黨」了！

　　在輿論撻伐下，段宜康道歉了，不僅不乾不脆，還把賄選硬扯進來，絲毫沒有反省能力。更令人氣憤的是，民進黨選擇護短，只由黨中央發言人出來雲淡風輕地說：「各方都要謹言慎行」，另竟還和段宜康沆瀣一氣，呼籲國民黨「勿藉此挑起不必要的對立」。

段宜康「妄下段言」，民進黨忘記謙卑，這種張狂無上限，沉淪無下限，恐怕整個民進黨與台灣民主只會跟著一起陪葬。

蔡英文新政府稱要大力發展體育，其實可以敦請段宜康轉任體育署署長，未來有選手輸了比賽，就很好發揮了。一律鄙視裁判、鄙視對手、鄙視規則、鄙視觀眾、鄙視天氣……唯一不鄙視的，就是自己的狂妄。

新聞資料：
〈藍批段宜康「妄下段言」 民進黨忘記謙卑〉，中時電子報，2016/08/29，
https://www.chinatimes.com/realtimenews/20160829003310-260407

張景森　肉麻當有趣

蔡政府上台後，陸客來台隨著兩岸關係的凍結而銳減。

政務委員張景森表示：「陸客是我們最需要交的朋友，請不要再不經意發表歧視陸客的言行了！」這真是肉麻當有趣！

中華民國最反陸客的就是綠營的民代、媒體、團體，只要你們不歧視陸客，不理性排斥他們的人就會少很多。民進黨政府為了搶救觀光，以疏解排山倒海而來的壓力，竟又髮夾彎的要和陸客交朋友，還呼籲社會別歧視，讓人覺得噁心又矯情。

別忘了貴黨立委陳歐珀說：「一個德國客或澳洲客，可以抵 10 至 12 個陸客」。又別忘了同樣是貴黨的王定宇委員過去粗暴推倒海協會副會長張銘清，最近還說：「中國客不來，台灣觀光業進入寒冬的說法是謬誤。」既然是台灣第一勇，何必委屈假裝要和陸客做朋友？所有旅客都有好咖有壞咖，但不少綠營人士僅因意識形態就無差別歧視，早已眾所皆知。

要轉彎當然歡迎，但請先道個歉吧！

新聞資料：
〈張景森說陸客是朋友　藍諷：肉麻當有趣〉，聯合新聞網，2016/09/04
〈張景森要和陸客交朋友　藍批：肉麻當有趣〉，中時電子報，2016/09/04，
https://www.chinatimes.com/realtimenews/20160904004211-260407

小英「脫線」的一封信

　　立法院、行政院、以及教育部等的職員與附近的居民們，現在莫不想盡辦法要與蔡總統當鄰居。因為以後誰來抗爭，小英一定會痛斥他們「脫序」，而且還可以討抱！

　　是的，揪甘心的蔡總統日前發了信給敦南寓所的鄰居，信中痛批去抗議勞團的「脫序」行為、阻擋鄰居進出大樓之「不當行為」，造成困擾、不便，也影響居家安寧，並對此致歉。

　　只不過，這封總統親書的溫馨信函，卻不小心洩漏小英的嚴重「脫線」，因為同樣、甚至是更嚴重的陳抗活動，小英是這麼說的：

　　陽花學運攻占立法院，小英：「這輩子沒這麼感動過」、「學生智勇雙全」。

太陽花學運轉占行政院，小英陪同學生靜坐表示支持。

　　反課綱學生占據教育部前廣場，小英：學生辛苦了！

　　而且，小英從沒覺得前述行為脫序，也不曾對受影響的人們致意過。

這種兩套標準的脫線行為，在這執政四個多月期間，一次又一次跳針式的出現。

　　例如，一下子說要力抗中國的壓力、隔天又說不會走回對抗的老路；一手信誓旦旦要改革司法、另一手又不顧有違憲之虞硬提許宗力當司法院長；一方面鼓勵拍桌表達意見，另一方面又要人沒事別上街頭。

　　脫線的兩套英，究竟要帶領這個國家往哪去呀？（求解）

新聞資料：
〈批勞團行為脫序 小英曾讚太陽花學生智勇雙全〉，聯合新聞網，2016/10/07

小英把「不孤單」當萬靈丹？！

台積電董事長張忠謀拒當蔡英文總統的資政，外界猜測可能是「海霸王效應」。

但經爬梳資料後，我嚴重懷疑還有其他關鍵因素－－張忠謀聽到了關鍵字：不～孤～單。

回顧華航空服員罷工，小英：「不會讓你們感到孤單」。

大陸台商擔心沒有九二共識，兩岸交流中斷。小英：「不會讓台商感到孤單」。

出席電子遊戲機國際產業展，小英：「政府不會讓業者孤單」。

與台中機械業相關產官學者座談，小英：「不會對匯率問題不管，讓業者孤單」。

到台東視察尼伯特災情，小英：「台東人，你不孤單！」

維冠大樓倒塌，小英：「希望全台灣的民眾在一起，不讓台南孤單。」

到了張忠謀批評新政府的經濟主軸矛盾，盼政府勿忘半導體產業。小英依舊回應：「政府絕不會讓產業感到孤單」。

「不孤單」這三字，對小英而言簡直是百搭。地不分東西南北、人不論百行百業，好似只要把不孤單套上談話中，就能既文青又溫馨，輕易可矇混過關。

　　但實情是，小英到台東勘災慢半拍、華航空服員持續抗爭、台商因兩岸關係急凍而人心惶惶、產業政策規畫迄今未明.....。難道**小英跳針不孤單，治國只靠文青班？！**

　　因此對一個半導體之父、國家重要產業龍頭的張忠謀而言，更清楚小英的不孤單絕非萬靈丹、空心蔡仍然在。拒接資政，省了麻煩，也是一種抗議。

　　我們期待小英真正讓所有民眾覺得溫暖不孤單，但執政半年多，還有近9百萬勞工覺得孤單、軍公教覺得孤單、眾多觀光旅遊相關業者覺得孤單.....。嗯，大概只有日本覺得不孤單吧！

新聞資料：
〈小英喊話「不讓台商孤單」 黃子哲諷：僅日本不孤單〉，聯合新聞網，2016/12/12

賀陳旦不扛 海倫清桃扛？

賀陳旦 94 狂！趁著蔡總統出訪到多明尼加，被奧蒂嘉認乾女兒之際，把寶寶心裡的苦，通通大聲說出來。

賀陳部長說，用不著把北高輸運六小時，如同觀光客要到達千萬人一樣，當成是我們（交通部）單獨來扛的十字架。

交通部向高速公路的用路人收費，部長的俸祿由納稅人付。春節疏運責任，賀陳部長不扛，那是由海倫清桃扛？陸委會扛？還是他認為「自作自受」的民眾扛？

每年一遇春節假期，高速公路勢必車潮洶湧，此時主管的交通部長有兩件事要做，一是計畫，二是喊話。前者給實質性的輸運方案，如高乘載等管制措施；後者給心裡的預期性安定，如掛保證台北－高雄開車六小時可到。

沒人敢要求能做到百分之百，但總是要有個目標與宣示，才好展現政府的決心，民眾也才能放心。

但賀陳部長就是任性，不給承諾。其實他最大的問題就是不該硬的很硬（例如硬推端午節高速公路「夜間維持收費」），不該軟的太軟（例如應該有 Guts 保證春節不塞車），最後必然惹出一堆麻煩與爭議。

　　不過，話說十字架是古代死刑的一種刑具，也是苦難的象徵。原來賀陳心中是把推動千萬觀光客和 6 小時北高行，當作是種要命的磨難，更極度不爽自己來擔。是誠實豆沙包吃太多？還是嫌部長做了太久？

　　哈里路亞！不知道火星有沒有缺交通部長？

新聞資料：
〈春運不該由交通部扛？ 黃子哲：難道要海倫清桃扛〉，聯合新聞網，2017/01/11
〈賀陳說春節疏運不該由交部扛 黃子哲諷：就是任性〉，中時電子報，2017/01/11，
http://www.chinatimes.com/realtimenews/20170111005088-260407

從空心蔡到公親蔡

蔡英文說：「台灣就是這樣，勞方不自己去跟資方說，都跟政府抗議，政府公親變事主，你們要自立自強啊。」

可能飛機上不好擺讀稿機，文青幫也忘了幫小英準備「閒聊稿」，害小英過度「自自冉冉」，不經意的誠實掏心，用極其自然不做作的方式，狠狠打臉另一個的蔡英文。

因為不久前，蔡英文才要文青說：「一例一休政策不會讓所有人滿意，承擔就對了。」

國道收費員問題解決後，她得意的說：「這就是政黨輪替與政府存在的意義！」

更不用說她最經典的一句：「勞工是心裡最軟的那一塊。」

可見，過去小英為勞工的所言所為，不是騙，就是不甘願。

如果勞工自己就能爭取到權益，那何必要你小英幫忙；如果人民自己能過得好，那要你政府做什麼？

從張小月的生命會自己找到出口、賀陳旦不願背春節疏運的十字架、到小英要勞工自立自強……等。都讓人擔心原來民進黨要用「不做事的政府就是最好的政府」來治國？！

　　看來過去空話一堆的「空心蔡」，當了總統後，已進階成為想不沾鍋的「公親蔡」。那下次選舉，人民只能對妳說，謝謝再聯絡了！

新聞資料：
〈蔡英文要勞工自立自強 黃子哲酸：機上沒準備讀稿機〉，聯合新聞網，2017/01/04

大鵬亂射

　　大鵬部長馮世寬要國軍弟兄對闖入機場的空拍機（無人機）一律予以擊落，還稱「威脅就在眼前，不用請示上級」。這種不經大腦的談話，簡直是「大鵬亂射」。

且看 2016 年 12 月 6 日，作戰次長室聯戰處長鍾樹明少將已在記者會說：面對非法侵入軍事基地、營區攝影的空拍機，如果有立即危害飛航安全，妨礙軍事任務遂行，或涉嫌竊取軍事機密之有礙飛行，除了向民航局告發之外，並將利用頻率干擾攔捕，必要時在營區指揮官命令之下予以擊落。但在擊落前會先予以開槍警告，政戰人員也會全程錄影拍照記錄。

　　是的，取締違法的空拍機，要向民航局告發、還可以利用頻率干擾攔捕，有必要將其擊落時，必須由「營區指揮官下令」，並先開槍警告。

空拍機近來的確造成飛航、情資、甚至是人身安全的問題。但開槍是何等大事，尤其還牽涉飛機與乘客的安全，當然應該要有一定嚴謹的射擊規範。

　　大鵬霸氣向空拍機宣戰，卻胡亂下達格殺令，讓人以為國軍要辦空拍機射擊比賽，這種失言只是讓國防部打臉國防部，再鬧笑話而已。

　　一百分的馮世寬擔任部長以來，屢屢有駭人之語，擋都無法擋。雖然「大鵬就是狂」，但「國軍不能亡」呀！

新聞資料：
〈空拍機闖機場一律擊落 藍批大鵬亂射〉，中時電子報，2017/02/11，
https://www.chinatimes.com/realtimenews/20170211003573-260407

吳釗燮批威權遺毒的竟是賴神！

總統府祕書長吳釗燮出席活動致詞時表示：「台灣的民主正遭受威脅，因為威權遺毒不只試圖再起爐灶，更與對岸的中國聯手合作。」

本來以為這又是在對國民黨扣紅帽，沒想到竟然是黨內互打，兇手正是賴清德。

海棠颱風造成台南市多處淹水，有女記者問賴神 253 億元治水預算是如何使用的，他竟然咄咄逼人不斷跳針反嗆記者，「是誰估算的？你們是誰呢？」

媒體是民主國家的第四權，監督政府天經地義，人民也有知的權利。賴神對媒體的提問竟如此傲慢，如果這不是威權遺毒，什麼才是威權遺毒？

而前陣子的「親中愛台」論，在黨內投下一顆超狂震撼彈，因為一向台獨立場鮮明的他，竟脫口說出要與過去他認為萬惡不赦的中國親近，這簡直動搖黨本，無論賴神或總統府後續再

怎麼解釋，民進黨內不少人的心中始終認為賴清德為了要爭大位，正悄悄「親中」，狀似要與對岸手牽手，所以當然一定要對賴神抹紅呀。

　　是的，治水不力，放假失準，面對媒體時，態度又這麼高傲，幫吳釧燮問一句：賴神，你是在與台灣民主對槓嗎？

新聞資料：
〈賴清德嗆記者 黃子哲：傲慢如威權遺毒〉，中時電子報，2017/08/02
http://www.chinatimes.com/realtimenews/20170802003636-260407
〈黃子哲酸吳釧燮批的威權遺毒 竟是賴清德〉，聯合新聞網，2017/08/02

黃重諺熱到「中猴」？！

全台陷入限電危機，總統府也響應節能，下午關了冷氣，府內高溫勢必難受。但怪的是，發言人黃重諺不是熱到中暑，而是中猴？！

針對行政院要求公家機關用關冷氣來節電的措施，新北市長朱立倫才批說無法根本解決問題。一向好鬥成性的黃重諺隨即在臉書酸說，朱立倫的反射動作是「中二」。

讓公務員不吹冷氣，不僅能省下的電量甚微（僅達備轉容量萬分之三），還可能因此熱到讓行政效率降低，民眾洽公跟著受苦。這本來就是個病急亂投醫的蠢點子，民眾也多不支持，難道黃重諺認為這些人也都是中二？

說好不會缺電的是蔡英文，如今一次颱風吹倒和平電廠的輸電鐵塔，短少了 130 萬瓩電力，竟就讓台灣瀕臨限電邊緣。蔡政府要廢核又拿不出穩定可行的能源政策，還敢用中二回批，難道用愛發電不夠，還要用酸發電？黃重諺還沾沾自喜說，新北市引以為豪的離峰儲水空調，是民進黨前縣長蘇貞昌的政績。他的意思是說，那可不是朱立倫的功勞。

提醒雞腸鳥肚的黃重諺，你發言人的官位，其實也是國民黨馬英九在 2008 年就任總統後，以任務編組方式成立「總統府發言人室」才有的哦。

其實黃重諺中猴也不是第一次，過去還罵人「畜牲」、批媒體「意識形態充腦造成聽視力損害」……儼然把發言人當發射台，四處暴衝。

不知中猴是要到醫院看哪科才會好呢？

註：

中二：源於日本，指中學二年級的學生常有自以為是、以自為我中心或自我滿足的特別言行。

中猴：指一個人〈不論年紀〉不穩重、不安份、太過活潑搞不清楚狀況，該拘謹的場合不懂得安靜下來，仍然活蹦亂跳。

新聞資料：
〈朱立倫質疑關電政策挨批中二 黃子哲：府發言人中猴〉，聯合新聞網，2017/08/02

陳金德不是太愚蠢就是太靠勢

「上台靠機會，下台靠智慧」，中油董座陳金德為保官位，迄今仍負隅頑抗，就是不願辭職負責，甚至還大言不慚的說：「這種場面我看多了。」這足以證明，陳金德不是太愚蠢，不然就是太靠勢。

大潭電廠機組跳機，肇事者中油公司，就算不是自家人為疏失，也難逃對外包廠商督導不周之責。而導致 815 全台大停電，更高達有 668 萬用戶被迫分區限電，各地哀鴻遍野，所造成的不便、損失、與傷害難以計數。

結果，中油的大老闆經濟部長李世光引咎辭職，而陳金德卻打死不退，霸氣的戀棧中油董座大位。問題是，民主政治就是責任政治，況且桶下的簍子如此之大，拒不下台，怒火只會往上延燒，甚至把民主進步黨的招牌給毀了。陳金德不懂審時度勢，錯過在黃金時間內下台，接下來的壓力與不滿恐怕只會讓他更不堪，可謂蠢蛋一枚。

不過，陳金德身為民進黨最大派系－－新潮流的成員，又是陳菊市長的愛將，有這樣穩當的靠山，就算不辭，又能奈他

何？所以當黨內另一派系「正國會」的余天要他下台時，陳金德便直接回嗆說：「這種場面我看多了」，背後代表什麼意義，「我一目了然。」

問題是，如果只要有新潮流撐腰，犯再大的滔天之罪，有再多的輿論撻伐，都不用遵循民主政治的原則，那麼只能說 94 狂，**原來統治這個國家的不是一個總統，而是一個派系。**

陳金德應該要醒醒，其實人民並不在意民進黨如何派系鬥爭或廝殺，我們關心的是如何藉由淘汰爛咖，讓中油治理更為妥善，以及讓能源政策更能穩健可行。

更重要的是，別說「這種場面」人民看多了；「這種雜碎麵」人民也吃多了，麵裡面有什麼料，民眾清清楚楚，也是一目了然呀。

新聞資料：
〈大停電拒辭 黃子哲：人民吃多陳金德這種「雜碎麵」〉，聯合新聞網，2017/08/18

林飛帆的民主及法治教育不能等

前行政院長游錫堃曾在立院備詢時自稱是「政客」，引起譁然與訕笑。但現在想想，游的失言或口誤，比起林飛帆近日義正詞嚴的誑稱黃國昌是個「政治家」，卻顯得老實而可愛。

12 月 16 日即將舉行罷免立委黃國昌的投票，林飛帆與黃國昌在太陽花學運時相濡以沫，接著彼此成為政治利益的養分供應者與收割分享者，因而在罷免日前，林飛帆出面力挺黃的聲明，其實不足為奇。

但問題是，通篇聲明，除了凸顯林飛帆很會捧昌神、講幹話、甚至有違法之虞外，恐怕是達不到神救援的效果，反而像是個豬隊友般的真情告白。

林飛帆在短短八百多字的聲明中，總共提到 15 次「民主」，**但林的民主顯然是兩套標準。過去他與黃國昌號召要罷免國民黨立委時，就是「割闌尾」；如今民眾要罷免黃國昌時，林卻說這是對黃的偏見、嫌惡、忌妒、民主的挫敗**。所以對他

而言，只有他的民主才是民主；不挺他們的，都是反民主。如果這不是民主惡霸，什麼才是民主惡霸？！

更令人感到噁爛的是，林飛帆竟公開露骨地拍黃國昌的馬屁，說黃是個值得敬重的「政治家」。一個搞學運，口口聲聲自稱是進步與改革力量的年輕人，可以如此真情不做作的阿諛奉承，只差沒說黃國昌是民族救星或世界偉人了。此例可證，台灣的威權遺毒，果然真的存在！

黃國昌的表現當然自有公評，但林飛帆沒說的是，黃國昌進立院後，無論是假哭、濕背秀、密會蔡英文、愛抹紅但自家人又在賺人民幣、一例一休及兩岸監督條例的棄守……等，不都是民眾要罷免他的罪證嗎？難道林飛帆是眼睛業障重？

更嚴重的是，這份聲明的 12 個連署人中，出現一位台大歷史系教授花亦芬，她另一個身分是現任的不當黨產處理委員會的兼職委員。但依據「政黨及其附隨組織不當取得財產處理

條例（黨產條例）」第20條規定：「本會委員應超出黨派之外，依據法律公正獨立行使職權，於任期中不得參與政黨活動。」

試問，黃國昌是時代力量這個政黨的主席，罷免案當然也是個政治活動，在這個聲明上連署，更是個政治行為，難道沒有違反上述黨產條例的規定嗎？根據同條第 2 項規定，行政院院長賴清德應立即解除其職務。

林飛帆的民主及法治教育不能等，黃國昌的罷免成功更不能等！

新聞資料：
〈林飛帆挺黃國昌 黃子哲諷：割闌尾是民主 罷昌是民主挫敗？〉，中時電子報，2017/11/02，http://www.chinatimes.com/realtimenews/20171102004083-260407

「神」救援 「豬」隊友 「豹」怨起

　　八二三暴雨成災，中南部災情慘重，許多民眾及其家園因泡水而蒙受苦難，民怨也跟著沸騰起來。但就在災民最需要政府救援與撫慰之際，卻看到民進黨政府高官們的一連串荒唐言行，不是拚命卸責，就是猛講幹話，甚至連勘災都像在出巡。

　　行政院長賴清德說，讓批評的人當上帝，看哪裡不會淹水。賴清德找「神」來救援，無非是想要堵住外界的指責並幫自己卸責。但過去民進黨痛斥馬政府治水不力從沒少過，但當執政後發生水災卻不准別人批判。這種雙重標準，非但不會得到神明庇佑，還只會招來更多庶民的罵聲而已。

　　新任內政部長徐國勇急著刷存在感，當豬隊友，竟稱「治水就像治感冒一樣，沒有藥可以吃了後就永遠不會感冒。」他的話的確很讓人「感冒」，也直接打臉他稱讚林佳龍治水達到最高境界、賴清德當台南縣長時捧自己說用三年時間就解決三十年淹水問題、以及陳其邁大誇陳菊解決了高雄淹水之苦……。如果治水真如所謂的感冒，無藥可根治，那就證明過去都是在說大話來騙選票。

九年前莫拉克颱風襲台，時任總統馬英九搭直昇機勘災，蔡英文當時怒嗆「總統應該坐車勘災，才能真正體會災民需求」。如今小英當了總統，果然說到「坐」到，就搭雲豹裝甲車直驅嘉義勘災給你看。**民眾泡在水裡仰望高坐車上的蔡總統，像極出巡的女皇，也果然「豹」出民怨**，想必她一定真正體會出災民想「換總統」的需求了。

現在中央是民進黨執政，此次受災嚴重的縣市，幾乎都是民進黨長期治理的區域。完全執政，就要完全負責，而不是用這些荒誕行徑來完全卸責。

再如此下去，過去民進黨常誇口的綠色執政，品質保證，就會破功成：綠色執政，口水保證，甚至是淹水保證了。

新聞資料：
〈黃子哲：民進黨「神」救援豬隊友民眾「豹」怨四起〉，聯合新聞網，2018/08/26，https://udn.com/news/story/12445/3331737

民進黨十大好棒棒能源幹話

　　近來高溫炎熱，用電吃緊，民進黨政府雖一再宣誓不缺電，但近二個月全台發生十幾起大規模跳電事故，簡直是「跳乎伊爽，跳乎伊勇，跳跳跳甲要起瘋」。起瘋的政府，不免幹話連篇，在此回顧一下民進黨執政後的能源十大幹話：

　　1·**經濟部長沈榮津：「沒有缺電，只是備載容量偏低」**——嗯......這相當污辱台灣人民的智商，部長是在說「沒有缺錢，只是銀行存款偏低」的意思嗎？

　　2·**總統蔡英文：「電價其實靠幾個方面來考量的，包括電價結構的問題，還有整體財務的規劃......」**——沒錯，就是不包括蔡英文選前承諾「電價十年不漲」。

　　3·**蔡英文：「在推動非核家園及改善空汙的前提下，同時達到穩定供電任務，確保經濟發展與民眾生活不受影響。」**——這番話簡直是「空心蔡」的極致體現（握拳），台北美國商會說：廢核、減碳、低電價要同時發生，不相信！

　　4·**民進黨秘書長洪耀福：「空汙是假議題」**——對，PM2.5是假的，多數空汙屬境內是假的，肺癌是十大癌症死因

之首也是假的，只有乾淨的媒是真的！

5．**行政院長賴清德：「深澳電廠用的是乾淨的煤。」**
——這是說會有健康的毒氣、清白的黑道、還是清廉的陳水扁？

6．**賴清德：「核二廠 2 號機是再轉，不是重啟。」**——難怪賴神可以晃點大家他既「親中」也「愛台」，中文教育真的不能等呀。

7．**謝長廷：「台灣絕不會缺電，但電從哪裡來，還不知道。」**——這 ...... 有幹話，但也有實話。

8．**立委林靜儀：「晚上十點後限電，早點睡，可解決能源及少子化問題。」**——不如就全天限電，就可以重現民進黨最愛的那個 16 世紀「福爾摩沙」的台灣島了。

9．**政務委員張景森：「建議百貨公司用午休來節電。」**——肯定是林靜宜的好朋友，用 QK 治百病，腦殘也得救？

１０·台北市議員梁文傑：「全國健身房的機器連結發電機來發電，可以抵得過一座電廠」——太神奇了，傑克。蔡英文也說 Gogoro 兩顆電池，可以提供一個家庭五、六天的電量耶。這簡直超英趕美，支持蓋健身房及電池廠取代深澳電廠。

新聞資料：
〈2 個月狂跳電！他列出民進黨「十大能源幹話」 網友淚推〉，NOWnews，
2018/06/04，https://www.nownews.com/news/20180604/2765317/
〈5 月用電創高峰 他列出民進黨「十大能源幹話」〉，TVBS 新聞網，2018/06/04，
https://news.tvbs.com.tw/politics/931702
〈黃子哲揭民進黨 10 大能源幹話〉，中天新聞，2018/06/04，
http://gotv.ctitv.com.tw/2018/06/907649.htm
〈跳電兩個月 他列出「民進黨十大能源幹話」〉，聯合新聞網，2018/06/04，
https://udn.com/news/story/6656/3177954

七
勇伯阿扁篇

病 謊言 錄影帶？！

　　一位黃姓麵包師傅用手機拍了阿扁散步及互相爭執對話的影片，並放上網路。除了引發網民熱議外，民進黨鐵衛軍王定宇委員以及陳菊市長，也加入戰局。

　　回顧 2015 年 1 月，法務部核准讓陳水扁保外就醫的理由是：腦神經退化、睡眠呼吸暫止、漏尿等病情惡化，隨時有致死危險。

　　如今阿扁能散步、能參加募款餐會、能去聽音樂會，甚至口條清晰到能嗆攝影的麵包師傅腦袋有問題。這簡直太神奇了，傑克！「保外就醫」果然是神處方，讓病情變得不簡單！

　　事實上，阿扁被拍到像神蹟般的影片，也不是頭一遭。2017 年 6 月 4 日他原本一直因病抖動的手，卻在高鐵上被拍到可以在聊天時安穩交叉於胸前。但當被媒體無意間拍到之際，卻又開始抖動不停。

　　如此詭異，民眾不免質疑。事實上，日前黃姓麵包師傅也曾拍到阿扁不用輪椅、拐杖，就能自行趴趴走的影片。但陳致中卻反咬是「非常無良惡劣的合成假造照片」，如今影片再度曝光印證，孰真孰假，清楚不過，而且一旦說了一個謊，便要

用更大的謊去圓。

陳菊說，不應該對一個病人有如此跟蹤甚至是拍攝的行為，……若滋擾行為已經逾越法令規範，會依法制止。

問題是，陳水扁除了是病人外，他還是被判刑確定的總統級貪汙犯，必然是媒體或民眾關注的對象。阿扁的人權一定要顧，但媒體與社會也有監督與知的權利，陳菊難道有選擇性的維權？

至於王定宇說這樣是一種不禮貌、騷擾的行為。恐怕是忘了 2008 年 10 月當時的海協會副秘書長張銘清到訪台南時，派人跟拍，還在 21 日於孔廟暴衝將張銘清推倒在地，**因此被法院依觸犯傷害罪判了四個月徒刑的人，正是王定宇。又難道王委員只准州官打人，卻不准百姓攝影？**

可以預見的是，病、謊言、錄影帶，將繼續為阿扁入監與特赦之間提供養分。

新聞資料：
〈拍阿扁是騷擾？ 藍打臉王定宇：他以前推倒張銘清〉，聯合新聞網，2017/10/30
〈王定宇護扁 被酸忘了自己推倒張銘清〉，中時電子報，2017/10/30，
http://www.chinatimes.com/realtimenews/20161030003164-260407

阿扁的「新中監路線」

　　貪汙犯陳水扁前總統趴趴走，硬是要上台北出席募款餐會，還明顯違反台中監獄「五不」但書的其中二項，結果弄得阿扁爽爽的在「保外」，現在要「就醫」的反而是中監。

　　扁公子陳致中怒嗆：「不進入會場、不談及政治」是那一條法律的規定？

　　依據「保外醫治受刑人管理規則」第 3 條第 1 項規定，保外醫治受刑人應遵守的七款事項中，其中第 7 款就是「經監獄認為應遵守之事項」。也就是阿扁當初與中監簽署切結的「不公開發言」、「不上台講話」、「不接受採訪」原則等事項。

　　這點法律小常識，相信台大法律系畢業、留美雙法律碩士的陳致中，應該很瞭才是。扁公子要怪就要怪「只有扁最搖擺」，不僅來個選舉規格的大進場，還在台上播放比蔡啟芳還狂的「阿扁幹話」。他的一個 move、一個 talk，巨星架式簡直媲美湯姆克魯斯，要全國民眾與中監不注意都很難。

　　即使阿扁違規情節這麼明確，中監卻只敢發函給扁，提出四項檢討改進，小小提醒「切勿一再自誤」、「醫療痊癒就要

返監」。事實上，「保外醫治受刑人管理規則」第4條第1項第1款規定，違反保外醫治受刑人應遵守事項者，監獄得報請法務部（矯正署）廢止其保外醫治許可。

中監迄今欠大眾一個說明是，過去有沒有任何一個如此張揚、如此違反規定、如此「活動力十足」的保外就醫受刑人，可以讓中監高抬貴手，不向上級報請廢止保外就醫許可嗎？這難道是「新中監路線」？阿扁是民進黨的燙手山芋，奉勸中監可別傻傻自己接手。

最諷刺的莫過於，蔡英文就職周年選擇當「神隱少女」，阿扁卻想當「神鬼奇兵」；阿扁一步步踩入紅線，恐怕只會一次次激起蔡英文的腎上腺，也挑戰全民的容忍底線。

新聞資料：
〈阿扁巨星出場　黃子哲諷：媲美湯姆克魯斯〉，聯合新聞網，2017/05/25

阿扁月曆透漏 2018 年密謀的是……

　　新的一年才剛開始，阿扁就不甘寂寞似的，頻頻出巡及出招，瞬間又成為媒體焦點。從「唱客家山歌」、「千萬不要PO網」、「摟妹照」的影（照）片曝光，到拜會前總統李登輝，都可強烈感受阿扁正在猛刷存在感。但為何在這個時間點上呢？翻翻阿扁的桌曆，才驚覺原來 2018 年對陳水扁有極為重要的意義，那就是「受政治迫害十周年」！

　　十年前（2008 年）的 11 月 11 日，特偵組以涉貪污、洗錢等五罪，當庭將陳水扁逮捕，再以被告有串證之虞，向法院聲請羈押禁見。陳水扁成為中華民國首位遭聲押的卸任總統。被押上車前，阿扁高舉戴著手銬的雙手大喊：「政治迫害！」那一幕，震驚台灣社會。

是政治迫害嗎？

　　事實上，陳水扁被偵結起訴並被法院宣判有罪定讞的案件有四件，包括龍潭購地收賄案被判十一年最重，元大金控併復

華案判十年，陳敏薰買官收賄案判八年，龍潭購地洗錢案判兩年，依貪污、洗錢等罪，判決合併執行 20 年徒刑，併科罰金兩億 5 千萬元。

入獄後的陳水扁經歷 2230 天的囹圄生涯，2015 年 1 月 5 日法務部核准保外

陳水扁不僅是民進黨的燙手山芋，也是台灣社會的頭痛人物。無論在獄內獄外，人前人後，所有他的一舉一動，一言一行，都牽動著許多錯縱的政治利益，糾葛著複雜的社會情緒。

民進黨成也阿扁，敗也阿扁。但如今終於讓民進黨再次執政了，阿扁當然不會放過這個大好時機，大展身手一番。**蔡英文上台一年多裡，阿扁肆無忌憚挑戰紅線已成常態，「保外醫治」成為「保外趴趴走」**。一次又一次的進逼，讓台中監獄不得不發函警告扁：「切勿一再自誤」

但阿扁真會收手嗎？當然不會。煎熬的度過十年，阿扁始終把貪汙犯轉化為政治受難者的身分，就在今年 2018 的選舉年，也是蔡英文的期中考，又逢阿扁政治受難的十周年，這簡直一個完美的政治操作時間點。

　　可想而知，影（照）片外流、拜會李登輝、放陳師孟到監察院咬人等，都只是前菜。接下來政治受難十周年一連串的造勢活動、紀念晚會、街頭遊行 ...... 等好戲，才要一個個登場。所以陳水扁在他和友人的 line 群組裡揚言「請問另組一邊一國新本土政黨是否時候到了？」完全符合他的規劃步調。

　　陳水扁才沒有自誤，他可是聰明的政治精算師。但當阿扁的雙手不抖了，蔡英文的臉恐怕也要綠了，而人民的拳頭當然也硬了。

新聞資料：
〈阿扁頻刷存在感 黃子哲諷：今年是他受政治迫害十周年〉，聯合新聞網，2018/01/20，https://udn.com/news/story/11750/2941039⋯
〈從桌曆看玄機 黃子哲驚爆陳水扁密謀：好戲才剛開始！〉，中時電子報，2018/01/20，https://www.chinatimes.com/realtimenews/20180120003548-260407

陳師孟錯殺「諷扁劇」檢察官？！

　　新任監委陳師孟的起手式竟然是要辦八年前一場由檢察官演出的「諷扁劇」，他認為該劇影響社會輿論，甚至干預司法審判的公正性。這簡直讓全國民眾驚呆還笑歪了，一場舞台劇若能影響扁案的司法公正，那陳師孟自己就每天照三餐搏命演出，說不定阿扁很快被你演到無罪釋放了。

　　人家新官上任是三把火，陳師孟新任監委卻像是一坨屎。問題是誰指使他來亂潑糞的呢？又為什麼是潑「諷扁劇」這個糞呢？這全都是陳水扁在背後指使或下指導棋，我如此指控，絕非無的放矢。

　　回顧 2009 年阿扁關在台北看守所之際，當時就有平面媒體報導，扁的律師鄭文龍見了阿扁後公開說，「......司法節慶祝大會，有檢察官影射扁舉起上銬雙手的動作，竟有檢察官以辦前總統為榮，且得意忘形，沒有謹守公務員本分，他（阿扁）覺得不可思議。」

　　換言之，**當時陳水扁對此事就已經耿耿於懷，如今挺扁大將陳師孟才當上監委，就立馬嗆聲要對此加以查辦，很難不讓**

人質疑是扁親自授意，幫扁來報仇。

另外，更有趣的是，陳師孟說要「辦藍不辦綠」，專門辦過去對綠營總統、政務官追殺的司法官。也就是說，他認為2009 年演出「諷扁劇」的一票檢察官，都是萬惡的藍營人士，所以要通殺。

但問題是，當年參與演出的檢察官之一鄧巧羚，可是去年起訴前總統馬英九洩密案的六位承辦檢察官之一。案陳師孟的標準，這可是綠隊友，怎麼沒搞清楚，就要錯殺下去？！

事實上，陳水扁的貪汙案，不僅我國法院三審定讞，而且還被美國司法部所認證，現在卻要瞎扯八年前檢察官的「諷扁劇」來耍寶。這種拙劣的潑糞技巧，不僅不衛生，還很低級。

不過，看到陳師孟首次出手辦案的品質，也讓大家鬆口氣了。別太當真，大概就是「全民大悶鍋」的程度，笑笑就好。

新聞資料：
〈陳師孟要辦「諷扁劇」檢察官 黃子哲驚爆是他指使〉，中時電子報，2018/02/23，
https://www.chinatimes.com/realtimenews/20180223000021-260407

是陳致中不孝　還是阿扁身體不錯？

陳致中很健忘。

2015 年 1 月，阿扁獲准保外就醫滿一個月之際，當時陳致中受訪時說：父親未來「不會公開演講」、「不會公開受訪」、「不會參與助選等政治性活動」，盼各界給予他的父親一個安靜療癒的時間與空間。讓扁好好安養、休養，治療他的病，是唯一也是最重要的工作。

換言之，陳致中認為若阿扁公開演講、公開受訪、或去參與助選，會嚴重影響其治療復原的空間與時間，病情恐會加劇，所以千萬別打擾阿扁。

若是如此，那陳致中真的很不孝，為了自己的高雄市議員黨內初選，把重病獲保外就醫的阿爸抬了出來，讓他去參加造勢晚會，還上台送好彩頭給自己。**難道陳致中都沒顧慮到那棵菜頭那麼重，阿扁又有手抖的症狀，這是在折磨老爸嗎？**

而且現場那麼多人，又吵鬧，又擁擠，還讓阿扁上台吹風，這對一個「病情複雜，難以控制，隨時有致死之危險」（阿扁保外就醫之獲准理由）的阿扁，是多麼不人道呀。為何不讓自己阿爸好好做他唯一也是最重要的工作呢？可是陳致中在造勢

晚會上，又和阿扁深情相擁，感覺又不像個歹子。換言之，若不是陳致中不孝，那會不會就是阿扁身體其實還不錯呢？所以可以到處趴趴走，聽音樂會、看畫展、參加募款餐會、拜訪老朋友......。

但是，要是阿扁身強體壯，也就是保外就醫的原因消滅，依規定便要回牢繼續服刑。那阿扁上台助選或其他生龍活虎的行徑，豈不是露餡？甚至是昭告天下，我很 OK 的，法務部快來抓我？

陳致中的不孝，讓阿扁違反中監的四不規定；阿扁的身體不錯，讓法務部可以依病情穩定，要求其返監執行。無論哪一種，都是在踩紅線，挑戰人民及司法的耐性與容忍度。

奉勸陳致中還是乖乖當個好孩子，不僅阿扁需要，這個社會也需要一個安靜療癒的時間與空間。讓大家各自做好自己的工作吧，包括法務部邱太三部長。

新聞資料：
〈讓手抖阿扁拿那麼重的菜頭吹風 黃子哲：陳致中很健忘！〉，中時電子報，2018/03/25，http://www.chinatimes.com/realtimenews/20180325003263-260407
〈黃子哲批陳致中不孝 讓手抖的阿扁拿這麼重的菜頭〉，聯合新聞網，2018/03/25，https://udn.com/news/story/6656/3051176...

法務部開綠燈　讓陳水扁直直撞

　　阿扁就是勇！勇到法務部幫阿扁解了套，開了綠燈，好讓他可以肆無忌憚的「直直撞」！

　　日前法務部台中監獄核准保外就醫的陳水扁參加凱達格蘭基金會募款餐會，訂出「不上台」、「不演講」、「不談政治」、「不受訪」四不原則。

　　結果 2018 年 5 月 4 日阿扁出席餐會，不僅來個大進場，還取巧的站在一個主舞台前的木製肥皂箱上，介紹銅製「勇哥」塑像的義賣品，甚至藉機裝可憐說：「台灣勇哥回去台南草地照常有牠的自由，結果牠的主人阿扁，卻失去自由 ......」

　　就當各界質疑阿扁的言行踩了中監紅線，明顯違反「四不原則」之際，中監現在竟認定，阿扁「...... 雖站上高約 40 公分的自備木箱舉杯致意但未說話，雖介紹義賣品但內容未談及政治 ......。」所以陳水扁並未違規。

　　這簡直是睜眼說瞎話，如果這不是違規，什麼才是違規。那下次阿扁換十個 200 公分高的木箱，站在上面來段舞龍舞獅，也不算是上台？或者是把新勇哥物語的內容改成 rap 用唱的，那也不能算是「演講」？通通不違規？

根據保外醫治受刑人管理規則第三條第一項六款規定：除維持日常生活及職業所必需外，未經監獄許可，不得從事與治療顯然無關之活動；第七款規定：其他經監獄認為應遵守之事項。這些都是保外醫治受刑人不得逾越的紅線。

　　阿扁有兩個身分，一個是受刑人，另一個是病人，所以才有保外就醫，言行本應受到相關規定的限制。過去中監雖三度認定阿扁違規，但也不敢取消其保外醫治的許可。就是蔡英文不敢和阿扁正面對決，才讓法務部及中監不斷自我閹割，造就如同怪獸的囂張勇哥。

　　諷刺的是，**民進黨政府對政敵國民黨抄家滅族，毫不手軟；但對待貪汙犯陳水扁卻情同手足，倍感溫暖。**

　　可以預見的是，如果陳水扁繼續這樣不受控的趴趴走、直直撞，除了會撞倒人民對司法的信任外，可能一不小心，也會一併把民進黨的年底選情給撞翻了！

新聞資料：
〈陳水扁沒違規　他批法務部自我閹割〉，NOWnews，2018/06/09，
https://www.nownews.com/news/20180609/2768536/？from=politiclist

阿扁幫陳致中站台
造勢晚會變成「肇事晚會」？！

2015 年 1 月阿扁獲准保外就醫，陳致中公開表示：父親未來「不會公開演講」、「不會公開受訪」、「不會參與助選等政治性活動」，盼各界給予他的父親一個安靜療癒的時間與空間，治病是唯一的工作。

三年前陳致中多麼謙卑，幾乎是用懇求拜託的方式，要大家不要打擾因「重病」而好不容易獲得出獄治病機會的陳水扁。換言之，若去公開演講、受訪、以及助選等，就是不給阿扁安靜療癒的空間與時間。

事實上，2016 年民進黨的蔡英文總統上台後，陳水扁就如脫韁的野馬，從餐會錄影演講、站木箱上變相上台講話、接受日本產經新聞的專訪、初選幫陳致中站台、拜訪李登輝趴趴走、到搞自媒體「新勇哥物語」四處放砲 ...... 等，一再試探或猛踩中監與自己設下的紅線。

其實是阿扁不給台灣政治療癒的機會，是陳水扁與陳致中父子沒給台灣人民安靜的時間與空間；如此惡搞保外就醫制度，更是不給司法公平正義的可能性。

10 月 28 日，陳致中要舉行競選高雄市議員的競選總部成立大會，阿扁已預告就算是被抓回去，也要出席。既然過去都沒事，這次當然也可以過關。更何況，選舉日在即，陳水扁就是吃定中監根本沒膽動他，吃法務部夠夠。

　　民進黨如今已全面執政，立即修法特赦阿扁，可說毫無難度。但蔡英文遲遲不願面對與推動，當然是政治利益的考量，怕阿扁亂了選情，丟了選票。**但阿扁這個燙手山芋，是民進黨的，不是人民的，憑什麼把他轉嫁到社會上？**

　　不過，做為陳水扁最疼愛的兒子陳致中，也應該想想當初的承諾，更要好好善盡孝道。別讓激情亢奮又混亂的「造勢晚會」意外變成「肇事晚會」，要是真的不慎被抓，或讓體弱手抖的阿爸病情更為嚴重，都是比去有妹作陪的招待所，百倍不孝的事呀！

新聞資料：
〈陳水扁幫兒站台變「肇事晚會」？黃子哲批：吃定中監沒膽動他〉，東森新聞雲，2018/10/08，https://www.ettoday.net/news/20181008/1276450.htm
〈阿扁造勢晚會將幫陳致中站台藍批變成「肇事晚會」〉，聯合新聞網，2018/10/08，https://udn.com/news/story/10958/3410192

英敗——民進黨政府垮台的最後一哩路，黃子哲百萬點閱的狂腥文

作　　　者／黃子哲
美 術 編 輯／黃昱潔
責 任 編 輯／華　華
企畫選書人／賈俊國

總 　編　 輯／賈俊國
副 總 編 輯／蘇士尹
行 銷 企 畫／張莉滎・廖可筠・蕭羽猜

發 　行　 人／何飛鵬
法 律 顧 問／元禾法律事務所王子文律師
出　　　版／布克文化出版事業部
　　　　　　台北市中山區民生東路二段 141 號 8 樓
　　　　　　電話：(02)2500-7008　傳真：(02)2502-7676
　　　　　　Email：sbooker.service@cite.com.tw
發　　　行／英屬蓋曼群島商家庭傳媒股份有限公司城邦分公司
　　　　　　台北市中山區民生東路二段 141 號 B1
　　　　　　書虫客服服務專線：(02)2500-7718；2500-7719
　　　　　　24 小時傳真專線：(02)2500-1990；2500-1991
　　　　　　劃撥帳號：19863813；戶名：書虫股份有限公司
　　　　　　讀者服務信箱：service@readingclub.com.tw
香港發行所／城邦（香港）出版集團有限公司
　　　　　　香港灣仔駱克道 193 號東超商業中心 1 樓
　　　　　　電話：+852-2508-6231　　傳真：+852-2578-9337
　　　　　　Email：hkcite@biznetvigator.com
馬新發行所／城邦（馬新）出版集團 Cité (M) Sdn. Bhd.
　　　　　　41, Jalan Radin Anum, Bandar Baru Sri Petaling,
　　　　　　57000 Kuala Lumpur, Malaysia
　　　　　　電話：+603- 9057-8822　　傳真：+603- 9057-6622
　　　　　　Email：cite@cite.com.my
印　　　刷／卡樂彩色製版印刷有限公司
初　　　版／2019 年 03 月
售　　　價／新台幣 320 元
I S B N／978-957-9699-77-8